ライブ・学ぼう教材解釈

平田 治

ライブ・学ぼう教材解釈——もくじ

はじめに

教材解釈をきちんとやって、よい授業を創りたい。教師なら、そう思うだろう。指導書を頼りになぞっただけの授業をしても、一応は滞りなく流れた時間の後で、どこか物足りなさを感じたり、さらに深い授業を求めたくなったりする。豊かな教材解釈に裏打ちされた授業を実現したいと、教師なら誰もが願っている。電子黒板やタブレット端末や板書をどうするか、子どもが活発に発言できるためにはどうするか、そういうこともちろん大切には違いないが、教材解釈こそが出発点だ。

しかし思い立って教材に向かってみても、教材解釈、特に文学教材の解釈はどうすればよいのかと悩んでしまう教師達がいる。教材解釈は大切だが、難しい。本著では、そこを突破するためのヒントや考え方を提示しながら、演習形式で共に学んでいこうと思う。教材を脇に置いて、言葉の事実にそくして確かめながら読み進めていって欲しい。ここで学ぶ教材解釈の方法や考え方は、文学教材以外にも適用できる原則的なものである。

物語や詩の授業をどうやったらよいか困っている教師は多いと思うが、ここで示す解釈の視点は、文学の授業をどうやったらよいかという直接的な方法ではない。授業に先立つ教材解釈のためのものである。結局は、解釈ができないから指導書どおりに授業をやるしかないわけで、授業力の根本は解釈力なのだ。いったい教材解釈力がなければ、本当の授業力は身につかないのではないか。

それでもなんとかこの教材をわかりたいと思い立ち、教材解釈の河を渉りかけた教師が、河の途中に佇んで次の一歩を踏み出せないでいたとする。その悩み切ってはまり込んだ沼地のようなところから、どうにか抜け出したいともがいている教師達のために、少しだけヒントになるようなことを示したいと思う。教材解釈の視点として示すそれらのヒントを、ぜひとも積極的に使ってみて欲しい。ただしそれらは、あくまでもヒントなのであって、教材解釈の河を渉りきるための決まり切った手順や定石などではない。

そもそも教材解釈の河や沼地にはまり込んでしまうのも、そうそう悪いことではない。はまり込んだら抜けられない沼地は、魅惑的ですらある。あるいは、そこを一度通り抜けなければ、本当の授業という世界には辿り着けないところでもあるのだろう。だからここで、私は沼から這い出る方法を示したいと言うよりは、むしろ解釈の沼へ誘い込みたいと思っている。そして、一緒に泥沼を漕ぎながらどこかに足場を見つけ出し、やがては河を渉って一緒に向こう岸まで辿り着きたいものだと思う。

文法的規範に乏しい日本語で書かれた教材を、それも文学的文章を、解釈するための一定の方法や定石があるのならば、それこそ自己矛盾以外のなにものでもない。規則性があいまいなところに、方法がなり立つわけもない。したがってここで示そうとする方法的ヒントは、私が経験的に見つけ出してきた成功的な事例である。それは限定的ではあるが、経験はまったく個人的なものではもちろんない。多くは人から教えてもらった方法であり、自分でも試してみたし、現場の教師達との勉強会などで、折に触れて実践し成果を得たものの一部である。だから、有効性は高いと思う。

ここで問題にするのは、教師が教材と出合い授業計画を立て実施するまでの間の、出合いから実践の入口辺りまでである。したがって本著では、教材化の可能性がある素材をどう集めるかとか指導計画の立案の仕方については扱わない。目の前にある教材をどう解釈して、その解釈に基づいて具体的な授業の構想を立てる直前までを、〈教材解釈〉として扱う。

ここでわざわざカギ印を付けて〈教材解釈〉としているのにはわけがある。次に示す図（次頁）は、教師が文学作品に出合い、授業を前提としてその作品を読んで実践しようとする際に、事前の探究活動（＝原学習）として想定される要素を、私なりにまとめたものである。これらの一連の探究活動のうち、素材の研究も一応は含むが、主に教材文についての疑問から〈展開の核〉までを、〈教材解釈〉と呼ぶことにしている。

昨今学校教育の現場では、教材に関する教師の探究活動を、〈教材解釈〉と言わずに教材研究と言うのが一般的のようではある。しかし現実に行われているのは、教材を研究すると称して

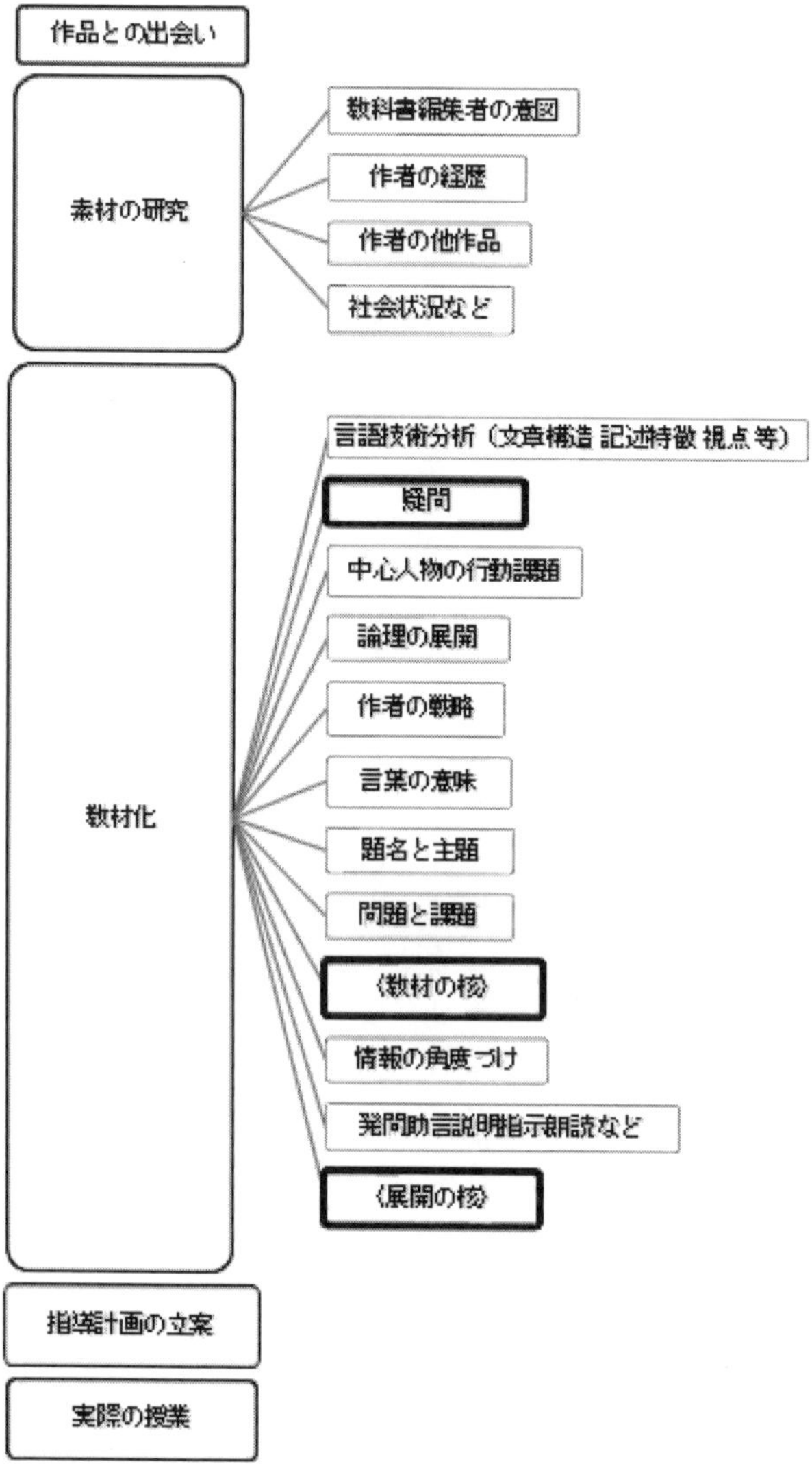
作品との出会い
素材の研究
教科書編集者の意図
作者の経歴
作者の他作品
社会状況など
教材化
言語技術分析（文章構造 記述特徴 視点等）
疑問
中心人物の行動課題
論理の展開
作者の戦略
言葉の意味
題名と主題
問題と課題
《教材の核》
情報の角度づけ
発問助言説明指示朗読など
《展開の核》
指導計画の立案
実際の授業

素材研究の次元に留まっていたり、指導書に即してなぞり読みをするくらいで、そこに例示されている発問をそのまま子どもに投げかけたりしているような情況もあるかのように聞く。教材を教師自身が読みとることが疎かにされていたり、いざ解釈しようとしてもどこから手を付けたらよいのか困っていたりしている。解釈するとは、教師が自分で読みとり意味づけることであり、それを回避して手段だけを行使している。そういう現状に対して、教師自身が原学習者として教材を解釈することの重要性に改めて気づき、自分なりに取り組んでみようとするときのヒントを示したいと思う。授業の前に教師が行う原学習としての〈教材解釈〉とは、いったいどのようなものであるべきか、そのための何らかの手引きになるようなものを提示できないものかと思っているわけである。

教材分析とか素材研究とか指導研究とか様々な概念が唱えられているが、私の言う〈教材解釈〉とは、疑問を出発点として、教材の鍵語である〈教材の核〉の決め出しを経由し、授業における具体的な発問などを想定した〈展開の核〉を構想するまでを含む比較的広い概念を意味している。実際の授業の事前準備としては、〈展開の核〉のあとは具体的な授業案の作成があるわけで、〈展開の核〉は授業直前の接点に位置している。本著で扱うのが、疑問を出発点とした〈展開の核〉までだとは、そういうことである。〈展開の核〉などについては、まとめとして最終章で詳しく述べたいと思う。

本著は大きく三部構成になっている。初めに、現場の先生方と行った解釈演習を、ライブ感溢れるかたちで再現してみた。これらのライブは仮想ではなく、実際に行った記録を文字起こししたものである。十年ほど前から北海道や関西など各地で開いてきたゼミや、昨年からはオンラインを活用して全国各地から参加者を募るゼミも行ってきている。主な参加者は小学校教員で、中には指導主事や教頭や大学教員もいた。

本著の読み方としては、この第一部から入り、大まかな全体像を掴んでから先に進むというやり方もあるだろうが、実際のゼミは総論的で、様々な要素が錯綜しながら出てきて複雑になってしまった嫌いがなくもない。

そこで、教材解釈の視点をきちんと整理しながら理解した上で、実際の適用事例に触れたいというような場合は、第二部から入るというのもひとつの読み方であると思う。第二部では、各論を提示する。私が考える教材解釈の視点を、五つにまとめて提示し説明する。ざっと読み流さないで、そこで例示している教材に実際に当たりながら読み進めていって欲しい。

第三部は全体のまとめとして、方法を適用する際に心がけたいことや、教材解釈の中心的な概念である〈展開の核〉に関して詳しく述べることにする。

第一部

ライブ・解釈演習

ライブA・講話と演習──総論（1）──

教材：　スイミー（レオ・レオーニ）
K：授業者（小二担任）　M：参会者達（小学校教員10名）

勉強会の趣旨

平田：教材解釈の勉強会を始めましょう。この会では、国語の教材解釈を中心にやっていく予定ですが、教材解釈というのは、国語では文章をどう読むかということであり、それは音楽で楽譜をどう読むかということと同じです。教科の違いはあるのですが、どう読むかどう解釈するかというとき、大切なことは、なんらかの入口（＝解釈への糸口）を自分で発見しなければならない。自分で発見した入口から入って、自分なりに理解しなければならない。その入口の発見の仕方には、論理的な場合もあれば感覚的な場合もあるでしょう。とにかく教材を見抜く力、教材解釈力を自分自身で形成していかなくてはならないわけです。ですから、この勉強会では、授業でこの教材をどう教えるのかというような方法の部分だけを取り出してやっていくのではなく、あらゆる教科の教材を解釈することができる力、教材解釈力の形成を目指して、さし当たっては文学教材を使って学んでいこうと思います。

さらに、教材を理解するだけではなく、理解したことをもとにしてそれをどう教えるかを、一体のものとして捉えて学んでいくことが大切です。なぜなら、理解と表現とは同じメダルの表裏であり、一体だからです。理解はできるが表現はできないとか、理解はできていないが表現だけはできるということはあり得ない。多様な解釈ができることと、指揮をしたりピアノ伴奏したり音読の示範をしたり指導をしたりすること、あるいは指導方法を構想することと授業記録を検討することとは一体のものとなってつながっているのです。

このことを別の言い方をすれば、教師というのは言わば職人であり、理解したことがそのまま実行できなくてはならない。鉋や鋸の刃の研ぎ方は理解できるが、家を建てることができない大工さんなどいませんから。理解した内容に即して自ずから動いていくような身体を、修練によって作り上げていく必要があります。頭と身体、理解と技術が一体化した教師を目指したい。しかし、それは相当に時間がかかることでもあります。意識的に勉強に取り組んでいって、何年もかかると思ってください。

教材解釈とは

教材解釈に話を戻します。野口芳宏氏は、教材研究の三段階ということをおっしゃっています。まずは素材研究、次に教材研究、そして指導法研究というように。しかし私は、これを教材研究の順番、順次的な手順だと捉えることには違和感があります。この説明は、野口氏が授業構想に至る教師の仕事を、構想し終わった段階から事後的に説明し直しているのだと捉えたい。つまり、授業に入る前に教師が行うべき研究には、素材の研究、教材の研究、指導方法の研究という三つの側面があるということです。段階的な手順と捉えてしまうと、勘違いすることになる。まず手始めにインターネットなどで作者の生い立ちや作品の成立過程などを調べて、次に文章を教師の視点から読みとり、そして今度はそこに子どもの視点も加えながらどう助言したり発問したりするかを考えていくということになる。

しかしよく考えてみて欲しいのですが、実際にはそのように順番を追って探究を進めていくことはできないでしょう。文章を読みとっていく過程で、レオ・レオーニの人生を調べたり他の作品を読んでみたくなったりする。そうしているうちに急に有効な発問を思いついて子どもの反応を予想したりする。そうやって絶えず行きつ戻りつしながら、徐々に理解を深め指導構想を練り上げていくほうが自然です。重点のかけ方からすれば、当然ながら具体的な指導方法については研究後半になっていくものでしょうが。要するに問題は、それらの様々な側面が必要であるのに、中途半端な読み取りしかしないまま百個もの発問を作ってみたり、作者の人生や作品成立過程を読み取りの根拠としてしまったりして、それで教材研究や授業構想ができたと勘違いしてしまっていることです。

私が、教材研究と言わずに敢えて〈教材解釈〉と呼ぶのは、教材の研究は素材研究や授業構想の一部も自ずから含むものであり、それら三つの側面は順次的に扱えるものではなく有機的に関連し合いながら高次に進むと考えるからです。つまり、あくまでも入口は教材研究であり、それが必要に応じて素材の研究にまで及んだり、子どもの視点を導入して授業構想の大まかな角度づけを行ったりするような広い内容のものであり、そこまでを教材の研究と捉えて、教材の一般的な読み取りの次元で研究を済ませてしまうような教材研究と区別するために、敢えて〈教材解釈〉と呼ぶことにしています。

その際、教材――教材が文章であることを例として考えてみると――についての一般的な読み取りから、自分なりに問題を見つけて、その問題について叙述を根拠とした論理的な読みとりに転換すること、その過程で最初はなにも不思議に感じなかった言葉が改めて奇妙で不自然なものに見えるようになって、それまでの一般的な読みに揺らぎが生じてくる。そして再度ひとつひとつの言葉を吟味にかけながら新たな論理を作り上げていく。新たな論理を見いだすことによってより高次の理解に、教師が自分自身を転換していくことを想定しています。このような〈教材解釈〉に関する論理的な事柄については、改めて少しずつ扱っていきたいと思っています。

いずれにしても、教師自身の読みが一般的常識的なものからより高次のものに転換していなければ、教材解釈したとは言えません。

三つの問い

教材解釈は授業実践を前提に行うわけですが、授業も含めて「教える」という行為には、絶えず三つの問いが隠されています。なにを教えるのか、どう教えるのか、なぜ教えるのか。「なにを」は内容、「どう」は方法、「なぜ」は理由や価値のことです。これらは段階的に問うていくようなものではなく、ひとつの問いが同時に他のふたつの問いをもたらします。最近では『ごんぎつね』をどう教えたらいいのでしょうか」と方法だけを学ぼうとする傾向が強いのですが、その方法だけを知ろうとしても、ではいったい何を教えたいのかという内容のことがはっきりしていなければ実践できないでしょう。つまり、内容と方法とは本来一体のものなので、その片方だけを取り出して学ぶことはできない。そして、「扱う内容をなぜ教えるのか」と理由や教育的価値を聞かれたら、「学習指導要領に示されているし、指導書にも書いてあるからやっただけです」というのでは、なんとも情けないかぎりです。

このように内容と方法と意義の三つは、本来同時に学んでいかなくてはならないものですが、この教材解釈の勉強会では、主に「何を、どう」という面から出発してやっていきましょう。その過程で、扱う内容が何年生に相応しいかどうかというような発達段階の問題にも触れていくようにしましょう。

『スイミー』の教材解釈

平田：それでは、Kさんの『スイミー』の授業実践を見ながら、教材解釈の勉強に入っていきましょう。二枚の写真はK学級でのスイミーの授業の板書ですが、見て思ったことを言ってく

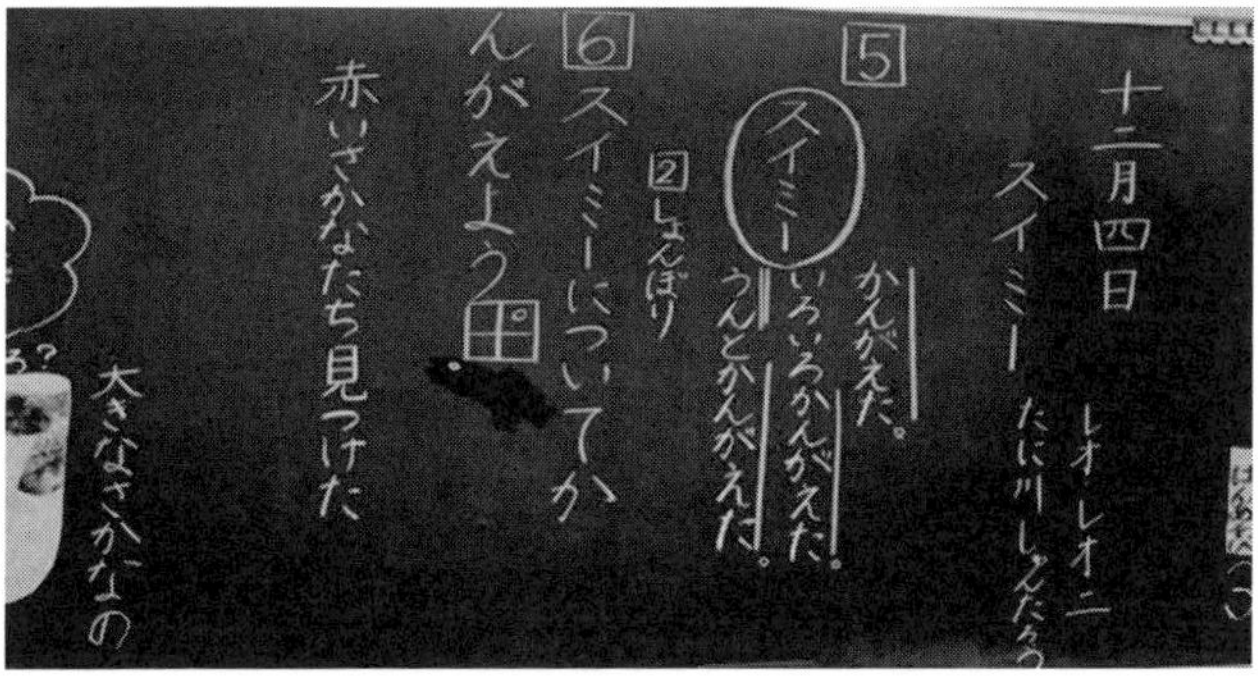

ださい。

M：・字がきれい　・句点の位置を示している。　・大きな字でわかりやすい　・大事なところを□で囲っている。　・挿絵を真ん中に貼っている　・言葉が整理されている。

平田：板書を見て、授業者がいったいどの言葉を大事だと捉えているかがわかりますか。つまり、授業の課題としてどの叙述を取り上げようとしているか、その叙述に着目するのはどのような教材解釈に基づいているのか、そういう眼で板書を見ていく必要があります。

そうした観点からすると、今皆さんから出されたことは、私とは随分ズレているなと感じます。この板書には、私が自分の解釈に基づいて着目したいと考える言葉が書かれていませんし、今それを指摘する人がひとりもいませんから。なぜそうなってしまうかと言えば、皆さんには予め自分の教材解釈がないからだと思います。

私は様々なクラスに授業参観に行ったときに、授業者や子どもばかりではなく、いつも参観者（教師達）の顔も見てし

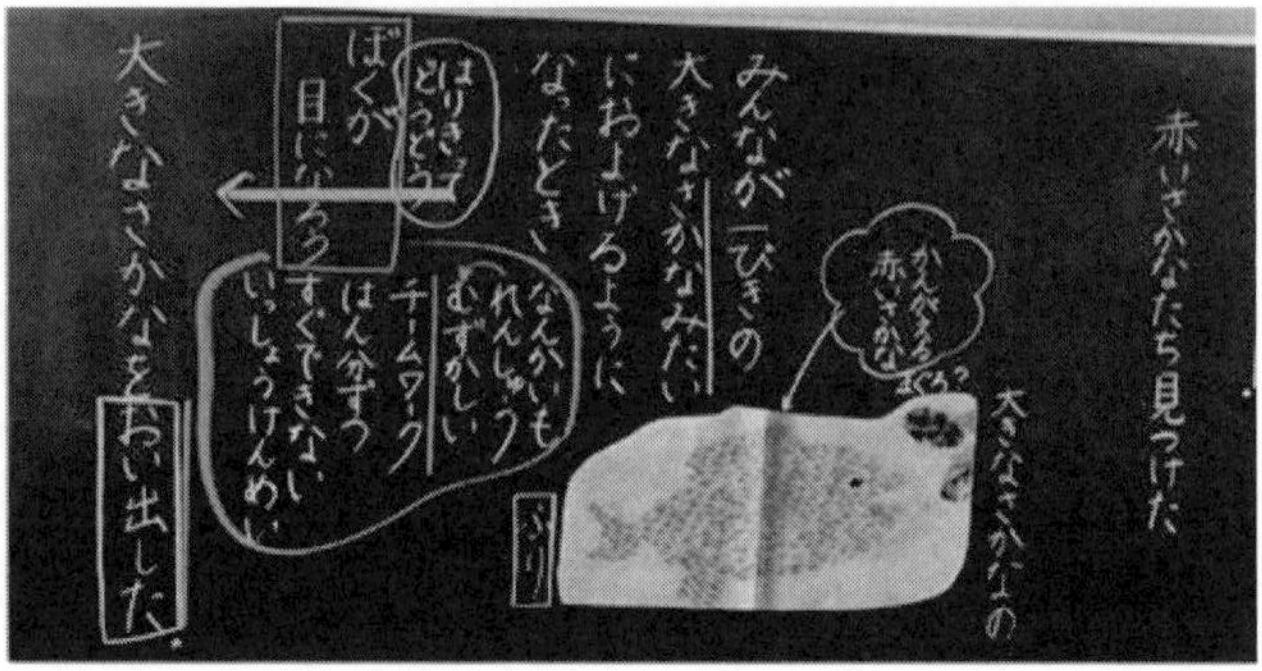

まいます。この人は予習をしてから参観しているなという人と、ぼんやり見ているだけの人とがいます。予習してきている人は、視点と枠組みをもっているはずですから、自ずと表情や視線が違います。

勉強は予習が大事です。私は大学院で学んでいたときには、一コマの授業につき最低でも九時間は予習をして望みました。院生が三人ほどしかいないような授業では、予習していかないとついていけなかったし、指名されたらそれこそとんでもないことになってしまいますから。今日のような勉強会でも、予習しないで参加するだけでは、学びが少ない。勉強会に手ぶらで行って、「そうか」と思ってただ受けとるだけではなく、前もって予習して望むことが大事なのです。

解釈演習

それでは教材文をもう一度見てみましょう。Mさん、段落⑤から読んでみてください。（音読し始めてすぐに）あっ、ちょっと待ってください。音読するときもただ読まないで、いつもどんなに小さくてもよいから課題を持って読むことが大切。例えば、「この一文ではこの言葉を大事にしたいな」というような意識を持って読んでください。

⑤そのとき、いわかげに、スイミーは見つけた、スイミーのとそっくりの、小さなさかなのきょうだいたちを。スイミーはいった。「出てこいよ。みんなであそぼう。おもしろいものがいっぱいだよ。」小さな　赤いさかなたちはこたえた。「だめだよ。大きなさかなに、食べられてしまうよ。」「だけどいつまでもそこにじっとしているわけにはいかないよ。なんとかかんがえなくちゃ。」スイミーはかんがえた。いろいろ　かんがえた。うんとかんがえた。

どうですか、どの言葉を大切にしているか伝わってきましたか。どの言葉に注目しているか、何となく感じたまま、直感的でよいから言ってみてください。ひっかかる言葉があるかどうか。

Ｍ：「考えた」「何を考えたのか」と問いかけた。

Ｍ：段落①と比べて考えた。そんな人生つまらないよ。昔の自分と比べている。

Ｍ：そこなのかな。子どもは安心をベースで話をしている。

平田：（参加者の発言を聞いていると、意見を出し合う角度があいまいで、不明確な物言いが多かったため）どの言葉から、そう感じたのかな。

Ｍ：「そこにじっとしているわけにはいかないよ」

平田：その中の？
M：「わけにはいかないよ」
平田：その中で何？[一]
M：「いかないよ」[二]
平田：Kさんも同じですか。
K：「スイミーのとそっくりの」、ここを大事にした。「目になろう」も。
M：「大きなさかなをおい出すスイミーについてかんがえよう。」（教科書に示されている課題）がわからない。スイミーの気持ちは書いていないのではないか[三]。安心をどこで感じているのか。「じっとしている」「わけにはいかないよ。」
平田：今は、（教材解釈の）準備運動に入る前の柔軟運動をしているところです。
K：「見つけた」

一　自分の感じた根拠を自覚化するために畳みかけるように問いかけている。文を分節化して捉え、どの言葉に依拠しているかを明らかにする作業。
二　ここで参加者は、「いかないよ」の「いく」がどのような語義なのかを正確に自覚しないまま使っているようである。今、たとえばインターネットの『デジタル大辞泉』で調べてみると、「いく」にはなんと14もの活用方法がある。
三　この指摘は、重要な誤謬である。後に触れるが、「気持ち」は本当に書かれていないのだろうか。

言葉の違い

平田：「見る」と〈見つける〉との違いは？　辞書で調べてみてください。〈参加者達、辞書で調べる〉

M：何か、欲しいものがあって、見つからない。それを見つけた。課題が解決した。楽しい。気分が晴れて悩みがなくなった。スイミーには欲しいものがあった。海の中で楽しいをいっぱい見たから、悩みがすべてなくなったわけではない。

平田：一年生二年生でやるかは別にして、教材解釈としては、「見る」と〈見つける〉の違いははっきりすべきことです。

　では、「いかないよ」というのはどういう意味でしょう。例えば、ひきこもりの人に「いつまでもそこにいるわけにはいかないよ」というとき、どういうつもりで言うのか。言う側には、ある人間観が前提としてあって言う。人間は人や物と交流しながら生きていく社会的動物なのだという前提となる道理とか価値観があって、それに基づいて「じっとしているわけにはいかないよ」と、ひきこもりの人を説得しようとするわけです。スイミーが言っているのは、「そこに」という場所の問題でもあるし、「じっとしている」というスイミーを含む仲間達の魚としての生き方の問題ということもあるのでしょう。つまり、ここではっきりさせなくてはならないことは、スイミーがいったいどのような価値観や問題意識に基づいて「じっとしているわけにはいかないよ」と言っているのか。そして、海の中でたくさん面白い物に出合いながらも、それでも尚解決しなかった問題を抱えていたところに、〈見つけた〉ものは何だったのか。「スイミーのとそっくりの、小さなさかなのきょうだいたちを」〈見つけた〉とは、どういうことか。「きょうだいたち」にいったい何を見たのか。

次に、〈考える〉という言葉は何なのかを考えたい。「スイミーは考えた」を、どう捉えるかです。テストをします。「考える」と「思う」と「感じる」という言葉の共通点と相違点を述べてみてください。・・・(数人指名して発言してもらうが、どうも当を得ないような答えが続いた。)・・・皆さん、なかなかずばっとは言えませんね。言葉は知っているけれどわかってはいない。わかっているつもりでやっている。どういうときに使えるのかを調べてみるといい。人は、しゃべるときには取捨選択して加工して、使い分けている。聞くときや読むときにはそれをすんなり受け取ってしまって、わかったつもりになっているものです。

スイミーは考えた

ここに書かれているのは、「スイミーは思った」でもないし「スイミーは感じた」でもなく、「スイミーは考えた」ですよね。その「考える」という言葉の意味がぼんやりとしか理解されていないような状態で、子ども達と授業ができますか。「スイミーはかんがえた。いろいろかんがえた。うんとかんがえた。」と「考える」が三回も出てくる。異常ですよね。そこに違和感を持たないといけない。直感的にここは異常だなという感覚を持たないといけないでしょう。教師が、ただなんとなく「きっとすごく考えたんだなあ」という程度の感想しか持てないようでは、解釈はできない。こういう異常な表現には、必ず何か非常に重要な意味が隠されているはずです。

「政治について、どう考える」「政治について、どう思う」とは言いますが、「恋人について、どう考える」とは言わない。「恋人について、どう思う」とは言えますが。「考える」と「思う」の違いについてなど、考えてみたことがないかもしれませんね。わかっているつもりで生活しているものだから、ちゃんと辞書を調べてみない。それが普段の生活であるし感覚のわけですが、そうした生活感の次元での読みに基づいて授業をしているとしたら、とんでもないことです。授業しているときに、自分の普段の生活の思い込みだけで、子ども達に「スイミーは、何を考えたかな?」などと発問している。教師自身がわかっていないのに、子どもに問うているのです。

どう思う、どう考える、どう感じる、と平気で問うている。言葉がおかしいな、変だなという直観が働いていない。働いていないから、調べることもしない。今日の勉強会に、辞書を持ってこないというのも、普段の生活感のレベルでしか勉強しようとしていない証拠です。三者を比較すると、「思う」と「考える」はやや近い。「感じる」は、感情のレベルで知的な行為ではない[四]。だから、今現に心を奪われている自分の恋人について、なぜ惚れているのか分析してみたり、好きか好きでないかを考えてみたりするなどということはしない。

その言葉を使うとき、例えば語るときや書くときには、無意識のうちに「考える・思う・感じる」の共通点と相違点を使いわけています。能動的な行為のときには使い分ける。母語として日本語を使うとは、そういうことです。それに対して、受動的な行為のとき、例えば聞くときや読むときには、何気なく受け取るだけになってしまいがちです。使う方は違いを意識して使い分けているのに、受けとる方は違いを感じないまま無意識にすっと受け入れてしまっている。普段の生活感は、そういうものです。

しかし作者は意図的に、わざと使い分けている。異化しているのです。優れた文章であればあるほど、読み手は気づきにくい。変だなという違和感を持ちにくい。すぐにはわからないようにスッと書いている。だからこそ、その世界に没入して読んでしまうのです。逆に、下手な文はすぐわかる。ちなみに、自分で推理小説を書いてみるとして、犯人を指し示すダイイングメッセージをそれとなく偲ばせるように書く事がいかに難しいことなのか、すぐに体験できる

四　この会の参加者が誰も辞書を持参していなかったため、ここではこれ以上説明していないが、辞書などを用いて調べると、およそ次のような違いがわかる。「考える」は、経験や知識を基にして、未知の事柄を解決しようと思考すること。「思う」は、外界からの刺激を受けて今後のことについて何らかの判断をすること。「感じる」は、場の情勢などから何かを受けとったり判断したりすること。

のではないでしょうか。だからこそ、教師が解釈するときには、何か隠されているらしい文の前で立ち止まることができる感覚を磨くこと、そしてそこで教えることを見つけ出すことが重要なのです。

「かんがえた」内容の追求

さて話を戻して、「スイミーはかんがえた」の考えた中身は、どこに書いてあるのでしょうか。あるとすれば多分、その後に続く⑥の部分にあるはずです。

⑥それから、とつぜんスイミーはさけんだ。「そうだ。みんないっしょにおよぐんだ。うみで　いちばん大きなさかなのふりをして。」スイミーはおしえた。けっしてはなればなれにならない　こと。みんなもちばをまもること。みんなが、一ぴきの大きなさかなみたいにおよげるようになったとき、スイミーはいった。「ぼくが、目になろう。」

⑥の中で、スイミーが実行した行動や解決しようとした課題はいったい何だったのか。そもそも解決しようとしていた問題は、解決したのか。そういう眼で、⑥を調べていってみましょう。実は、スイミーが考えた中身がすごいのです。それが、⑥の中に出てくるのです。

最初にこうして、次にこうして、そうなったならばこうしてと、予め考え抜かれた内容が実行されていく。そう想定してみると、「考えた」が執拗なまでに三度も積み重ねられて記述され、最初は「考えた」、次に「いろいろ」多方面から「考えた」、その上で「うんと」深く吟味し直してみたとする記述の必然性が見えてくる。スイミーの抱えていた最終目標は、「スイミーのとそっくりの、小さなさかなのきょうだいたち」と、この海で安心して暮らしていくためには、大きな魚を追い出すことである。そのためには、解決しなければならないいくつかの課題がある。最終目標の達成地点に向けて、ひとつずつステップアップするように解決していくべき課題に関する論理構築が、⑥の内容として書かれているわけです。その論理は考えに考え抜かれたもので、単に感情にまかせて思いついたようなものではない。

新奇性と矛盾性

さて、こうした解釈への出発点あるいは入口をどう見つけるかについてですが、この場面だと、「うんと　かんがえた」について、どのくらい違和感を持つことができるかどうかです。違和感があれば調べたり考えてみたくなるわけですから、それは自分自身をどう内発的に動機づけことができるかです。内発的動機づけの要素は新奇性と矛盾性のふたつですが、新奇性とは今まで見たこともないようなこと、あるいはひじょうに不自然で奇妙な感じ、変だなあと感じるようなことです。矛盾性というのは、ここではこう言っているのにその後にはああやっているというような論理的に辻褄が合わないことに気づくことです。つまり、文章を読んだときに、前後で論理的に矛盾していることを見つけたり、違和感や居心地の悪さを疑問というかたちとして立ち止まってみたりすることができるかどうか。しかもその疑問が、質的により価値あるものであったほうがよろしい。こういうことを踏まえておいて、段落⑥の部分を調べてみましょう。

疑問をみつける

⑥を読んでください。(指名して音読させる) その読み方ではだめだ。ゆっくり考えながら読んで、情景を思い描きながら読まないといけない。立て板に水方式の読みはだめです。聴いている方からすると、頭の回転がついていけない。⑥「それから、とつぜんスイミーは さけんだ」から、何か見つけた人、疑問をみつけた人いますか。

M：なぜ「ふり」にこだわるのか。こんな言葉でいいのかと思った。

平田：言ったではなく、「教えた」になっている。しかも、二つのこと教えた。これ、変だと思いませんか。おかしいでしょ、変じゃないか。変だと思わないと、どうしようもない。文や絵から、変じゃないかと思うことが大事なんだけれど・・・。教師に解釈があれば、子どもから出される一見どうでもいいような疑問も、価値ある疑問として価値づけことができるはずです。だからこそ、いきなり発問してしまわないで、まずは子どもから出させていくことがすごく大事です。

平田：出してみて、これ大事だなと思うところを。

M：「海でいちばん大きなさかなのふりをして」のところで、（皆で泳いで大きなさかなのふりをすれば、追い出すことができることを、スイミーは前々から）「知っていたのかな？」と思った[五]。

M：突然さけぶのが変だと思う。

平田：「とつぜんさけんだ」の「とつぜん」がひっかかるわけですね。

M：「それから」というのもなんだか変な感じがする。

平田：「それから」というのはどういう意味でしょう[六]。「それから」というのは、スイミーが自分の論理を構築し終わった、目的達成に至るまでの論理に行き着いた、ということが前提になってもたらされる言葉です[七]。では、「さけんだ」というのはおかしいことですか。

五　この参加者は、平田が先に示した解釈例を受け入れることができないまま、従来の読みに止まっている。この⑥の部分について一般的な読み方をすれば、スイミーはある課題が達成する度毎に次のことを思いついて提案しているかのようである。しかし、⑤に三度も出てくる「考えた」との文脈に即して読むならば、⑥での提案が、予めスイミーの中で考え抜かれたものであったことがわかってくる。M7は、⑤⑥⑦を文脈として読まない従来の自分の読みに止まったまま発言しているのである。

六　「それから」とは、それ／から、であるから、「それ」とは何を指すのかをはっきりさせなくてはならない。単に、辞書的な意味を問うているわけではない。

七　平田はここでも、⑤から⑦に至る文脈で解釈することを提案している。

Ｍ：教えたくなったからさけんだのだと思う八。
平田：「さけんだ」は教えたことになりますか。いきなりは教えてはいないでしょう。・・・
（平田は、ここで議論が一旦停滞してしまったと感じたため、次のように提案することにした。）
今までやってきたように、今度は隣に座っている人と〈変だ・おかしい〉と思うことを紹介し合ってみてください。（・・・暫時経過：様子を見ていたが新たな展開が期待できないと判断したため、検討対象を別の箇所に変更することにした。）

スイミーはいった

平田：「スイミーはいった」について考えてみましょう。スイミーは、今度は「さけんだ」のではなく「いった」わけです。こういうことについて考える際に大切なポイントは、いったいどの言葉からそう思うのかを確認しながら進めることです。
Ｍ：「なろう」だと思う。
平田：「ぼくが目になろう」の「なろう」ですね。これは、元の言葉では「なる」九。辞書では

八　この参加者は、スイミーの言動の推移（さけんだ↓おしえた↓いった）を文脈として捉えていない。スイミーが「さけんだ」ときの心理を、「おしえた」ときの意志として読みとってしまっている。
九　この語「なる」こそ、平田が予め発見していた核となるべき言葉であった。「なる」とは、今までとはまったく異なる状態に変化することを意味する。

どう出ていますか。先日このスイミーの授業の様子について、参観していた方から（前掲の）板書の写真付きで報告を受けていたので見てみたところ、授業者のKさんはどうもこの「なる」には注目していないようでした。そこで、Kさんには「核とするべき言葉があるのですが、何でしょうか。ヒントはひらがな二文字です」というコメントを送りました。Kさん、私のコメントの意味がわかりましたか。どうもわからなかったようですね。「なる」という言葉はどんなときに使いますか。以前にない新たな状態になったときに、「なる」は使いますね。将棋でも「成る」は、新たな動きをするようになる駒に変化することです。ですから、「みんなが、一ぴきの大きなさかなみたいにおよげるようになったとき」の「なった」（＝なる）にも、重要な意味があります一〇。

ぼくが、目になろう。

「ぼくが」の「が」にも注目すべきですね。この「が」は濁音ではなく鼻濁音ですが、最近の若者や子ども達は、濁音と鼻濁音の区別がつかないことが多いようです一一。

一〇　同じ「なる」でも、「目になろう」よりも「およげるようになった」の「なる」の方が着目し難いだろう。本当はここで「なる」についてさらに突っ込んで追求すべきであるが、指摘するだけに留めておいた。

一一　最近のポップスの歌手などは、鼻濁音で歌うべきところをほとんどが濁音で歌っている。きちんと有名な事例で本の題名にもなりましたが、A「ぞうは鼻が長い」とB「ぞうが鼻は長い」とがありますが、AとBの違いがわかりますか。あるいは、「雨が降っていた」と「雨は降っていた」の違い。助詞の「が」と「は」とが異なるニュアンスを持っていることにも着目すべきです。「ぼくが目になろう」と「ぼくは目になろう」とでは、違うでしょう。

次に、「目」も問題にすべきですね。目はいったい何を意味しているか。「目になる」とは、いったいどういうことか。なんで目になったのか。(参加者のつぶやきを受けて)行先を決める、という意味も込められているでしょう。そして、「およげるようになったとき」に「目になろう」と「いった」わけです。このように追求していくことが大事でしょう。

M：司令塔ということではないか。

平田：司令塔は、どういう指示を出すのか、どんな指示を。逃げようとか、隠れやすい所へ行くんだとか。指令の中身を想像してみましょう。大きなさかなを追い出すときに、どんな指令を出すのでしょうか。どんな指令を出すのか、あるいはどんな指令は出さないのかと。ここは想像によって拡大していくとよいと思います。

発音できているのは、「いきものがかり」のヴォーカル吉岡聖恵くらいではないだろうか。絢香と宇多田ヒカルは、ゆったりとしたフレーズでは、ときどき正確な発音で歌っている場合もあるが、あまり自覚的ではない。

スイミーはおしえた

スイミーは伝えたではなく、「おしえた」ですよね。段落⑤では、スイミーとみんなは同等。スイミーのとそっくりの、小さな魚の兄弟達です。それが段落⑥では、スイミーはリーダーになっている。スイミーは、みんなに推されてリーダーになったのですか。そうではなくて、自から進んで、リーダーの役割を果たそうとしているわけですね。大きな魚に見つからないように岩陰に身を潜めて生活している兄弟みんなが抱える大問題の解決策を、スイミーは考え出したわけです。その「かんがえた」の中身には、目になるということが、すでにあったのかなかったのか。手を挙げてください。

M：　あった—一人　　ない—多数

M：考えては、計画的に行動している。こうやって、こうやってやろうとしている。教えたと伝えたとは違う。

M：主体性、意識の強さがあるので、計画があったと思う。

平田：「が」「は」を調べてみて、使い分けがはっきり区別できると、もっときっちり根拠を持って言えるよね。考えた中に目になろうがあったかどうか、どう考えますか。

M：目になる意識までいっていない。

平田：それなら、いつ思ったのか。

M：大きなさかなのふりをする練習の中で自分が目になると、「オー」となる。自分の黒色ということを生かすのが一番いいと思った。
平田：そういう発言していますが、文章の中のどこですか。
M：計画したときにはまだ気づいていなかったが、「なったとき」にはっと思いついた。
平田：それならば、ぼく「は」と言うのでないでしょうか。この「が」と「は」の使い分けは、子どもの作文を読むときにも大事になります。ぼく「が」は、意思が入っている。辞書的意味を調べないといけないですね。辞書の説明が、教師の理解の根拠になりますから。
M：スイミーは「けっしてはなればなれにならないこと。みんなもちばをまもること。」の二つのことを教えた。目が入るスペースを、意図的につくっていたのかな。
平田：⑥の行動に入るとき、こういう計画あったのか。
M：計画的ではない。「そうだ」で思いついた。

鍵語と文脈

平田：それでは、着目すべき言葉をつないで、文脈として考えてみましょう[二二]。「それから」「さ

二二 「注目すべき言葉」とは、鍵となるような重要な言葉、核となる言葉。キーワードまたは鍵語と同意。核には〈教材の核〉と〈展開の核〉の二種類あるが、もとは軍隊用語であった「展開」と同様に、

けぶ」「目」「が」「なる」などです。人間は日常生活の中では自覚しないまま取捨選択しながら言葉を使っていますが、辞書的にそれがいったいどういう意味かと言われると案外わかっていないものです。ですから、辞書の力を借りて正しい意味に即しながら、自分なりの論理構築をしてみてください。

M：「さけぶ」は、感情的な感じで、意図的に考えて計画性があるのとは違うと思う一三。

M：「ぼくが目になろう」には、意思を感じる。目は、まぐろを見ることになる。恐怖にたちむかう意思がないと目になれない。あえて目になろうとした。

平田：文脈の中でスイミーの変化と意思に着目して読んでいきたい。スイミーは、「みんなが、一ぴきの大きなさかなみたいにおよげるように」教える中で、それができるように「なったとき」に、「ぼくが、目になろう」と「いった」わけですね。表現として、ぼくこそが目になるのだ、という意思を示した。そう表明する勇気、強さが出てきた。

M：ぼく「が」というのは、スイミーの主体性で、特定のぼくじゃないとダメなんだと。ぼくがヒーローになるんだと。ぼくはヒーローになるではなくて。

斎藤喜博が用い始めた概念である。

一三　平田は文脈で読むことを提案しているが、参加者の発言内容からわかるように、皆ひとつの鍵語にだけ拘ってしまっていて、それらをつないで文脈として読むことはなかなか難しいようである。

M：「およいだとき」ではなくて「およげるようになったとき」と書いてあるから、その目的が達せられたら、やるべき次の事が出てきたということではないか。

M：しかし、最初から目的を持って段階を踏んでいるというのは、理屈に合わないと思う。

M：「およげるようになったとき」というのは、泳いだときではない。ある程度、目的が達すると変化をおこした。そのときに言った。そういう変化を起こしたら、「目になる」というように計画的だったのだと思う。

平田：（漸く核である語〈なる〉に着目してきたので）ここでもう一回板書を見てみましょう。自分が最初見たときと、違った見え方になっていますか。

原学習としての教材解釈

平田：言葉に着目し、言葉の表面だけではなく、もっと突っ込んでふくらませて理解していかないといけない。それには教師自身が、教えたいこととして何を選択するかが問われているわけです。どの言葉を発見して選択するか、つまり何を教えたらよいのかは、実は学習指導要領や指導書には書かれていません。

当然ながら、教師は授業に先立って、前もって教材を勉強しておくことが必要です。それを教材解釈というわけですが、教材解釈は、一般的常識的な読み方で終わってしまってはいけない。原学習者である教師自身が、最初にあった常識的な読み方を言葉の正しい理解に即して転換し、より正しい高次の読み方に変化させる体験をしておかなくてはいけない。

　今日の勉強会でやってきたように、スイミーはどうしてさけんだのか、「さけんだ」という言葉に切り込んで、大事なことをやっていく。作者は「さけんだ」と「いった」を、はっきりと使い分けているのに、最初はその違いに気づけない。なぜ、この言葉にしているのか。「ぼくが」と「ぼくは」の違いを、二年生の授業で直接取り扱うことはできないかもしれません。しかし、授業者は発見しておかないといけない。授業で扱わないから解釈しないということではなく、何を、どう教えるかを構想しておくべきです。そういう自学としての教材解釈をくり返しやっておくと、そのうち教科書を見る見方がわかってくるはずです。

　教材解釈することで、子どもの言うことがわかってくるということもある。教材解釈をしておかないと、子どもの発言は未整理のままのことが多いため、非常に大事なことを突いているのに、教師がそれを聴きとることができない。聴きとることができないから、授業に活かすこともできない。また子どもの発言を聞いて、「大事なのは、そこじゃないよ」と指摘して切り返すこともできないということもあるでしょう。

　Kさんの学級の子ども達は、驚異的な表明力を持っています。そういう力を引き出し育てたのは、担任のKさんであることは間違いありません。しかし授業は、子どもに頼っていると思います。子ども達がよく発言するものだから、それなりに授業の形にはなっているように見えます。しかし、表面の皮を剥いでいくと中身が残っていない。

辞書を引く

皆さん、まず辞書を引きましょう。ひとつひとつの言葉について、わかっているつもりでいたのに、実はあまりわかっていなかったことを、今日の勉強会で痛感したのではないでしょうか。ですから、辞書などをきちんと調べて、わかり直す努力をしましょう。その努力は、教師として必要な努力です。

小学校の算数や理科についても、簡単だからわかっていると思っていたが、実はよくわかっていなかったという経験が教師なら誰でも一度はあることでしょう。きちんと教えようと勉強すればするほどわからなくなる。指導書通りの授業をやるというのもひとつの解決ですが、なるべくなら自分で教材を解釈して授業をやりましょう。私は、この勉強会では小手先の方法論ではなく、もう一回深く勉強し直したいと願う人といっしょにやっていきたいと思います。

核となる言葉を捉える

まだ少し時間があるので、もう一度Kさんの授業について振り返ってみましょう。板書を見る限り、Kさんの授業で問題にされたのは、⑤でスイミーはなにを考えたかでなく、なぜ考えたかになっていると思います。

⑤の初めの部分で、スイミーは「みつけた」んだよね。ここは大事なところなので、やはり流してしまわないで反復するなどして、確実に板書に残さないといけない。その上で、これは

ちょっとした違いだが、「なぜ、そんなに考えたか」と発問するか、それとも「なにを考えたのか」と発問するか。どちらでもよいとして、いずれにしても「かんがえなくちゃ」と言った後に、「かんがえた」と三回も言っているのだから、この不自然さ、異常さに目を向けなくてはいけない。

そこで、「なぜ考えたのか」「なぜ三回も考えたのか」という問題の立て方もあるでしょう。また、スイミーがそんなにも考える動機は、直前の「わけにはいかないよ」なのだから、そこを扱うことも必要かもしれない。扱わなくて流れてもいい、すべてを扱うことはできないのだから。しかしなぜ扱わないのか、なぜこういう問題を立てて子どもに考えさせるかという、ちゃんとした理由と見通しがなくてはいけない。指導書に書いてあるから、という理由が一番駄目です。

スイミーの言動として表層に現れる異常な現象は、心理の深いところで異常な状況にあるからです。それを子ども達に気付かせて、主体的に捉えるように、どうもっていくか。そのために、教師が打たなければならない布石もある。まず、中心的で大事な言葉をおさえていく。そういう核となる語を、教材解釈として捉えておいて扱っていかなくてはならない。布石という言い方は碁からきていますが、大事な場所に予め何か手を打っておく。大事そうな語を出していく。そうやって、子ども達の思考を誘うように作業をさせていく。それには、教師が見通しを持っていないとできないわけです。

単純な例で言うと、スイミーは「かんがえた」が三回も四回も出てくることを変だなと思った教師が、自分なりの解釈を持った上で、授業では、布石として子どもに「考えたって何回出てくるのか」と質問する。すると、子どもは三回とか四回とか応える。「何回も書いてあるよね。なんで？」あるいは「いったい何を考えたのだろう」と発問していって、子どもに発見させ、発見を価値づけながら展開していく。「かんがえた」が核だと捉えていれば、当然そのような展開になっていくはずです。解釈もないのに、ただ回数を質問したり発問したりしても、そこには布石もないし発展もないでしょう。子どもの発言を引き出していくには、教材解釈が必要なんです。

教材解釈と板書

教師がもっと深く解釈をして、授業を組み立てていかないといけない。K先生の授業は、子ども達が活発に発言してすごい。子ども達の表明力と自尊心は確実に育っているし、K学級に憧れを抱いている教師もたくさんいるでしょう。しかし、Kさんの授業は、子どもに任せ切りで頼り切りです。子どもの発言を、意図的に拡大したり否定したりするということがない。だから、子どもから出されたものが、すべて板書されてしまっている。板書は、教師が教材解釈を持っていて、これが核であると考えた言葉を中心に、精選した事柄を書いていかなくてはならない。何を書き何を書かないかは、教材解釈とそれに基づく授業構想によるからです。ですから、皆さんに何度も板書を見て気づくことはありませんかと私が問いかけたのは、板書からKさんの教材解釈を読みとって欲しかったからです。

追求的な授業のモデルとしては、まず子どもが何か気づく、この辺りに何か問題がありそうだと疑問が出る。次に、その問題意識が醸成されていき、やっぱりここに問題がありそうだと思うようになる。大きな学習問題は、大抵はそこで明確化され明文化されて掲示される。そして、子ども達が「スイミーはいったい何を考えたのだろう」と、自らに問いかけ始める。教師は、その問題を黒板に板書する。これが授業の第一段階（導入）の結節点となる。

一方、Kさんの授業では、板書はきれいだが節が見えない。授業は次々と流れてはいくけれども、何を中心の問題として話し合っているのか、言語としてはいったいどの語に着目しているのか、あるいはさせたいのかが見えてこない。だから、授業の流れに節ができていかない。そのことが、板書に現れている。これが、Kさんの授業の現段階における問題点だと思います一四。Kさんをしてもそうなのだから、このことは当然皆さんの問題でもあると思います。

一四　小二の授業に対して、こうした追求的な授業のモデルを想定することは無理があるかもしれない。発達を考慮すれば、10歳前後以降の子どもの授業を想定すべきである。しかし、今まで様々な学年を担任したKさんの授業を参観してきた上で、やはりここで指摘したことは共通して言えることである。

音読指導と布石

まだ時間があるので、音読指導と布石についてもっと具体的にやっておきましょう。授業の初めによくやらせる一斉読みですが、一斉読みを聞いたとき、声の質や高さが、自分のイメージと一致しているかどうか感覚を研ぎ澄ませて聴くことが大切です。その読みで、果たしてよいのか、本当に全員が一斉に参加しているかなどを直観的に調べる。三ハイと合図して子どもを読ませて、ちょっとでも違和感を持ったらストップをかけ、「初めからもう一回」とやり直すように指示する。国語の授業での音読や体育の準備運動や音楽での発声練習などは、すべてその後の授業のための準備や布石を行うための活動であり、何気なく慣習的にやっているだけでは駄目だと思います。

そういう中で、スイミーの「かんがえた」の箇所に来たら、「何回も言っていますね、そこに気持ちをうんと込めて読みましょう」というような助言をしておくと、音読が授業全体の中で意味づけられた活動になるわけです。例えば、「今から先生が、三通りの読み方をするけど、どれがいいと思う?」などと例示してあげると、より音読の授業における方向性というものが角度づくと思うのです。つまり、そこで布石を打ってしまうわけです。

小二で、追求的な授業を話し合いによって展開していくことは困難だと思います。ですから、音読指導をしながら、教材解釈に基づいて、布石を打ったり指示をしたり意味を問いかけたり日常生活とつなげたりしながら、言葉そのものに注目していくような力を養うような授業を心がけたらいいのではないでしょうか。

例えば、「大きなさかなのふりをするのは、簡単でしょうか？」と問いかけて、「何回も練習しないといけないとできないよ」というような反応を引き出した上で、「なる」を発見していくような授業は構想できないでしょうか。もし、教師が教材解釈で「なる」を予め発見できていたら、きっとそこに着目させるために何らかの働きかけをするはずですよね。小さな魚達だって、そんなことを急に言われてもできないですよね。いままでの生活や生き方の中にはない行動なのだから。しかも、条件も二つあります。どんな疲れても決して離れ離れにならないように、しかも各自の持ち場や役割をやり続けながらなんですから、それはそれはもうたいへんな猛特訓を来る日も来る日もくり返し積み上げていかなくてはできるようにはならないはずです。修行みたいなものです。そういう修業の日々の果てに、遂にできるようになった。こんなふうに、子どもとやりとりをしたり、ひとりの子どもが出したものを拡大したり日常生活での体験と結びつけたりするような働きかけを教師が意図的に行うことによって、「なる」のすごみを子どもが感得していけるわけです。しかし、その「なる」という言葉を先生が発見してないものだから、子どもは出しているけど自覚化されないまま流されていってしまっている。

簡単にはできませんよ、「けっしてはなればなれにならないこと」。「けっして」は、絶対ということ。一匹でも脱落したり、ときどきできないときもあるということでは駄目なんだ。なかなかできないことですよ、おおきなさかなのふりをして泳ぐことができるように「なる」というのは。ひとりひとりの想像しがたいほどの努力と訓練の果てに実現するすごいチームワークです。

もう一度板書を見てみると、子ども達から出された意見を、教師が自分の教材解釈に基づいて聞きとり、それをほとんどくくったような言葉に置き換えて書いてしまっています。子ども達は真実に近い辺りを発言しているし、なんとなくわかってはいた。なんとなくチームワークのイメージを持っているが、そこでもっと具体的な文にかえってほしい。少しずらした読み間違いとか、くくった言葉で語り合うのではなくて、書いてあることにきちんと即して考える方向に導いていって欲しい。結果として授業が、どうして散漫になってしまったかと言えば、それは「なる」という言葉を、先生が発見をしていなかったからです。そういう核となるような言葉は、ほとんど何気なく書いてある。それを直感的に察知できるような感覚を磨きたいですよね。子どもの発言を見ると、どうもこの「なる」という言葉を、直観的には掴んでいるようです。すごいことですよね。しかし授業は、その周辺をしばらく巡った後に、また流れていってしまった。もし教師が、教材解釈でその言葉の重要性に予め気づいていたとしたら、そこから子どもの日常生活や体験に戻したりつなげたりするような仕事をして、授業展開に活かすことができたのではないでしょうか。

教材解釈と発問

「目になろう。」はもっとやりたかったですね[一五]。「ぼくが」でやるか、「目」でやるか、「なろう」でやるか、いずれにしても意志の問題としてやるとしたら、いったいどんな発問をすればよかったでしょうか。子どもから出てくればよいが、予め発問として準備しておく必要があるでしょう。さきほど例に出した「目になるってどういうこと？」というような発問は、駄目でしょうね。足になろうではなくて目ですからね、しっぽになろうでも駄目なんだ、目ということの意味を教師が解釈として捉えておいて、どのように発問するか判断しておかないといけない。きちんと解釈し、こうきたときにはこう返し、子どもがこうきたときにはこう返すという準備を整えているのかどうか。そのあたりKさんは、授業の方向性はいいが、自分の感覚だけでやってしまっていると思います。もちろん、その場その場の感覚でやっていくことはとても大事なことです。子ども達がこれだけ活動しているのだから、多分いい方向で感覚は働いているのでしょう。あとはその感覚を自覚化するべきなのです。

一五　参考文献：稲葉　昭一　「見ること」の意味―『スイミー』試論　The meaning of "to see": an essay on Swimmy　都留文科大学大学院紀要14　二〇一〇　八一―九二頁

教材解釈と授業案

これ以上もうできないと思うところまで準備を整えても、授業はうまくいかないこともある。だから、その場その場で働く直観というものも大事です。カレーライスを作るとき、隠し味に「これ入れるといい」というような感覚は大事ですよね。カレーライスにキウイフルーツは、まあなんとなくだめだと思う。ジャガイモはもちろん入っているけど、それとの相性みたいなことも考えなくちゃいけないわけで、感覚と思考とは一体となって働くものですからね。

感覚的な事柄まで予め準備して説明してあるような授業案はできないけれど、授業案には、こんな準備をしていますよという自分の思考過程を自覚化して書いておきたいものです。また、子どもはこう動くだろうなと予想して、それに自分はこう対応しますと書くのが授業案です。教師が、教材に対して〈変だ・おかしい〉という感覚から入って、解釈を論理として構築し、子どもの予想とそれへの対応の過程を自覚化して、他者にわかるように説明したものが授業案です。

ライブB・講話――総論（2）――

教材：イナゴ（まど・みちお）

新奇性と矛盾性

平田：『イナゴ』の詩を解釈しようとしたら、核になる言葉を見つけることが一番大事なことです。そう言われても、なかなか難しいことです。どうやって探すかと言えば、なんらかの疑問を持つか、詩に能動的に働きかけるしかない。働きかけながら読むことで、キーワードを見つける。いずれにしても、自分でなんらかの疑問を持っているかどうかが問われるわけで、疑問もないのにあちらこちらの言葉を調べているだけでは突破口はみつかりません。

心理学では学習の内発的動機づけを新奇性と矛盾性という概念で説明していますが、ここでは教材解釈の方法を、これらの概念を用いて説明してみたいと思います。

まずは教師が読んでみて、詩の中に新奇性を持つ言葉があるかどうか。わからない言葉とか今まで見たこともないような言葉が出てくる場合は、どうもわからないからその言葉を調べてみたくなる。しかし教科書に載っているような詩には、教師の知らない言葉はなかなか出てこない。だから困ります。全部知っている言葉。だから、知っている言葉達を、自分が今まで見たことのないような言葉として捉えられることができるかどうかにかかっている。

イナゴ

はっぱにとまった
イナゴの目に
一てん
もえている夕やけ

でも　イナゴは
ぼくしか見ていないのだ
エンジンをかけたまま
いつでもにげられるしせいで……

ああ　強い生きものと
よわい生きもののあいだを
川のように流れる
イネのにおい！

前回の勉強会でやったように、「考える」という言葉が出てきてもそれは充分もうわかっていると思い込んでいるから何も起こらないのだけれど、「考える」は「思う」「感じる」とどう違うのかと問われると、「えっ」となって途端にわからなくなる。そこで違いを見つけようとするから、「考える」という言葉に対する新しい見え方の芽が生まれそうになるのです。教材解釈ではそんなふうに問いかけてくれる人が誰もいないから、自分だけで自問自答しなくてはならないわけです。つまり、ここで言う教材解釈における新奇性というのは、今までわかっていたと思い込んでいた言葉が、見たこともないような不可思議なものに見えるようになるということですが、これはなかなか難しいことです。そこでさきほど例示したように、「考える」の関連語(=類語)である「思う」「感じる」などと比較検討してみたり辞書などで調べてみたりすることで、「考える」という言葉が持っている特性(=固有な特徴)が見えてくることがあります。そうやって、自分自身の一般的常識的な理解にゆさぶりをかけるのです。

もうひとつのやり方は、矛盾性の発見です。長い物語のような場合には、中心になる登場人物の初めの方の言動と最後の方の言動が矛盾していると、比較的に見つけやすい。例えば『大造じいさんとガン』では、大造じいさんは、初めの方では残雪のことを「いまいましく」思っていたのに、最後の場面では「ガンの英雄よ」などと呼びかけている。明らかに矛盾した言動です。そういうところが随所にあります。そういう矛盾に気づくと、「いつ変わったのか」「どうして変わったのか」という疑問や問題意識が自然に生まれてきて、もう一度調べながら読み直してみようとするわけです。

しかし引き算の文学とも言われる詩のほとんどは、中心人物の言動の変化を逐一描いてはいないものなので、みつけにくい。あるいは、論理はきちんと展開して表現されているのだが、最小限の言葉の使用によって書かれているために見えにくくなっているとも言えます。

変化に着目

この『イナゴ』という詩では、「ぼく」という人物の心境の変化が描かれています。詩の第一連の「ぼく」と第三連の「ぼく」とでは、明らかに変化している。変化は第二連で起きているわけです。「でも」という言葉があり、その前後で「ぼく」の認識が転換していることが表されています。しかし、一般的な読み方に慣れてしまっている教師は、その「でも」という言葉の重要性に気づかないことが多い。「でも」などという言葉は、あまりにもありふれてわかりきった言葉であるために、すんなりとやり過ごしてしまっているからです。もしこれが「だが、しかし、だからと言って」などと殊更しつこい表現で書かれていたり、「然れども」などとわざとらしく古めかしい言葉で表現されたりしていたら、なぜこんな言い方をしているのだろうかと読み手はすぐにそこに目がいくでしょう。でも、何気ない表現だからこそ気づき難いわけです。そこで、「ぼく」の認識の第一転換が起きているなどとは読めないのです。

それでも、「でも」に目を止めることができた人は、自ずと第三連の「ああ」に至って大転換がもたらされていることに目が向いていくことでしょう。すると、第一連以前にあった「ぼく」の認識が、どういうきっかけで転換し、さらに世界の見え方そのものが大転換されて、かつてとはまったく異なる見え方に転じたのだという、この詩の持つ壮大さも見えてくるかもしれません。たった三連しかない、それも難しい言葉がひとつもないこの詩を書いた詩人、まど・みちおのすごさをも、改めて感じることになるでしょう。

教材の核・展開の核

ここではもうこれ以上深入りはしませんが、要は核となる重要な言葉に引っかかりを持てるかどうかです。核はキーワード、日本語ではそのまま鍵となる言葉「鍵語」のことです。そこに全体のテーマをも読み解く秘密の鍵が隠されているので、その鍵を探し当てたいのです一六。

こうして見つけ出した鍵こそ、教材を成り立たせている核であり柱であると言えます。その言葉なくしては、物語や詩は成り立たない。今これを〈教材の核〉と呼んでおきます。ただしそうやって見つけ出した核が、そのままのかたちで授業で扱えるかどうかは別。授業構想は、学級の子ども達の発達状態や教師の力量のことなどを勘案したり、具体的な指導方法についてもう一段階精査したりしなくてはならないでしょう。そうやって授業構想に向けてさらに選びとられた言葉を、〈展開の核〉と呼んでおきます。〈教材の核〉の中から選択されて、授業で使えるようにしたものが〈展開の核〉。学年や学級の様子を見て決める。核として見つけ出した言葉をそのまま使おうとしないで、助言や発問などとセットにして構造化したものが〈展開の核〉です。

さて、これは経験的にもそう言えることですが、国語の授業実践の多くは失敗の積み重ねです。そういう失敗記録の山の中から展開の核を見つける。もちろん実践者はいい授業をしようと努力するわけですが、百回やって一回ぐらいうまくいくかどうか、そのくらいの確率です。つまり授業実践は失敗の歴史です。だからこそ失敗の中から何を発見し、何を学ぶかが大事。

一六　空海は、般若心経の奥義に至るための秘密の鍵を示そうと、『般若心経秘鍵』を著している。祕鍵とは、秘密の鍵という意味。

失敗の中に何を見つけるかです。

授業を構想するに当たって、子どもが書いた初発の感想などを読んで、分析していくことがある。そして、この子とこの子の意見が対立しているから、授業で扱うと面白そうだというように。こうしたことは、一見ことのように見えますね。しかし、実際に授業をしてみると、最初だけ盛り上がってその後すぐにしんとなって、遂にはわけのわからないまま終わってしまうようなことが多いのではないでしょうか。盛り上がるどころか、子どもがノートに書いてあることとは別のことを発言したりして、いきなり頓挫してしまう場合だってある。なぜそうなるかと言えば、それは教師に教材解釈がないからです。最初から、子どもに寄りかかった授業構想だからです。寄り添っているのではなく寄りかかっている。

教材解釈は結局のところ、これだという究極の一語、ひとつの語彙を発見できているかどうかにかかっていると言えるでしょう。その語彙こそ〈教材の核〉でありキーワードです。そこから、さらに〈展開の核〉を決め出さなくてはならない。

疑問と教育

しかし、難しいことですね。教師というのは全部わかっているつもりでいるし、読んでみても知らない言葉はひとつもないわけですから。そこから、見つけ出さなくてはならない。つまり、わかっていると思い込んでいる言葉を自分自身でわからないものにしなくてはならない。

わかるとか考えるという行為は、わかりきっているものがわからない不思議なものとして見え始め、改めてもっと細かく分けてみたり、似ているが少し異なっているような他のものと比較したりすることによってわかり直すことを言います。だからまず、ふだん何気なく使っている言葉、慣れ親しんでいるファミリア(Familiar)な言葉が、摩訶不思議なストレンジ(Strange)なものに見えなければならない[一七]。ファミリアな状態は安定しているから、普通にしていても自然に不思議な見え方ができるわけではない。それならどうするかと言えば、結局のところ疑問を持つか否かにかかっている。疑問がないとストレンジにいかない。今のファミリアな状態に疑問が起きて、ストレンジなものに転じ、やがて異なる次元のファミリアにもう一度転移してはじめて本当にわかったことになる。わかるとは、つまりわかり直すということです[一八]。

それでも私達の日常は、チコちゃんに叱られるような生活です。日常生活とはそういうものです。例えば新聞で、シリアでミサイル攻撃を受けて民間人が何人か死んだというような悲惨な報道に接したとしても、「なんで他の武器ではなくミサイルを使ったのだろう、どんな型のミサイルなのか、ミサイルはどこで買ったのか製造したのか、死んだ人の年齢別構成はどうなっ

一七　参照：宮崎清孝　子どもの学び　教師の学び――斎藤喜博とヴィゴツキー派教育　一莖書房　二〇〇九

一八　参照：佐伯胖　「わかる」ということの意味――学ぶ意欲の発明　岩波書店　一九八三、同「学び」の構造　東洋館出版社　一九八五、他同氏の諸著作

ているのか、その中で子どもは何人か」などと疑問を持って調べたり考えたりする人がどのくらいいるでしょうか。そういうことに接してもなんの感情も動かなくなっていたり、へえ、それはたいへんだというような反応だけで終わってしまっていたりすることがほとんどでしょう。そうしなければ、こんなにも情報過多な世の中を生き抜くことはできないから当然なわけです。情報化社会は不道徳性の温床です。

だからこそ学校教育では、日常から非日常をどうつくるかが大事になる。一見なんでもないことを不思議だとか異常だとか感じるような場面があって、それをきっかけにして異なる次元の見方や考え方へと子ども達を導いていくのが授業の教育的な意義です。ですから教師には、追求に値するような意味ある疑問を自分の中に能動的に生み出し、授業に活かせそうな〈展開の核〉にすることができるかどうかが求められているのです。

鍵語をみつける

それでは、もう一度詩『イナゴ』を見てみましょう。さきほど皆さんから様々な意見を出してもらいましたが、物語であれ詩であれ、解釈するといった場合、いったいどこから手を付けたらよいのかわからないと感じている人が多いようです。確かに、「見え方が最初と最後では劇的に変わっている」とか「詩は感動があってできあがるはずだが、いったいイネのにおいに感動しているのだろうか。それならば、タイトルのイナゴと矛盾しているのではないか。イナゴは作者に何を気づかせてくれたか。いったい何に感動したのか」というような、部分と全体との関連に関わる重要な気づきを出している人もいました。しかし予習して望んだはずですが、ひとつの言葉と展開構造との関連、つまり部分と全体あるいは語と文脈との連関、微細なものへの気づきとメタな視点との往還がうまくできていないという印象でした。そしてなによりも、いったい何が鍵語になるだろうかと考えながら、ひとつひとつの言葉にこだわっていく意識が弱すぎると思います。

改めて順を追って見ていきましょう。一連から見ていくと、その第一行目の前に0行があるとします。そこにあった「ぼく」のイナゴ観がどう変化していったかが、「ぼく」をとおして語られているのが、この『イナゴ』という詩です。先走って言ってしまいますが、「イナゴ」という題名は、ある世界観の転換を象徴的に表していると捉えることができるのですが、第0行に隠されている「ぼく」の世界観が、第三連に至ってまったく別のものに転換した、というのがこの詩のテーマです。平易な言葉を使って「ぼく」と「イナゴ」とが田圃の中で長閑に交流している様子を描いているなどと、暢気に捉えない方がよい。そんなものではない。まど・みちおは、すごいんです。

連の展開を見る

第0行に隠されている前提があって、それが一連、さらに二連、そして三連へと展開されて出てくる順序性に意味がある。仮に起承転結に従って見ていくと、起は第0行として、ある意味省略されている。その見え方の延長上で第一連がある。そこに第二連の転である事件が起きて気づきが生じ、それが第三連でより高次の認識の発見として提示されている。そのように展開されている。それぞれの連は、前を受けて次へと論理的に展開されているのです。

「ぼく」が「イナゴ」をどう見るかが変わったわけです。「ぼく」は、新しい世界観を発見した。詩詩人が「ぼく」を通して、私達に提示している新しい世界観あるいは新しい世界観の獲得の仕方は、一般的なものではなく詩人だけが気づいているもので、だからこそ詩人が詩を書く意味がある。詩人は普通の人の見方じゃない。「皆さんはこう見ているよね、私もそうなんです」では駄目です。「へえ、そういう見方もあるのか」と、詩を読んで気づかされるようなもの、それが芸術。文学も詩も絵画も、芸術の存在意義はすべてそれです。

『大造じいさんとガン』の場合も同様で、そこに出てくる残雪は見たこともない行動をする。残雪ははやぶさに体当たりする。ふつうではあり得ない行動です。それを見ていたじいさんは、衝撃を受け思わず銃をおろす。慌てて駆けつけて近づくと、ぐったりしていた残雪は、瀕死の状態であったのにも拘わらず首をあげてじいさんを正面からにらみつける。そうした体験をとおして、じいさんの「ガン観」「動物観」「世界観」が変わっていくわけです。じいさんの内面の成長物語ですね。文学教材における中心人物は、おおよそそのような姿として描かれているものです。

『イナゴ』では、第0行に何かが隠されていて、まず第一連で「ぼく」のイナゴ観が提示される。最初に出てくるイナゴは、第三連にあるような対立する者同士としてのイナゴではないですね。おそらくぼくが見とれていた夕陽が、傍らにいたイナゴの目の中にも燃えるように映っている。ぼくとイナゴが田圃という同じ空間の中で共有する夕映えの時間。「ぼく」はそんな感慨に浸っています。しかし、実はイナゴは最初から夕陽に見とれてなんかいなかったのです。

一連で述べた前件を認めながらも、接続詞「でも」を用いて、それに反する事実の発見を自分の意見として表明しているのが二連。ここでは「でも」と同時に「のだ」が重要で、よく効いています。自分の新たな気づきを明確に表明している一九。「でも」は比較的見つけやすい言葉ですが、「のだ」に着目できる人は少ないかもしれません。二連では、「でも……のだ」と、一連とは異なる自分なりの気づきが表明されているわけです。

一九　参照：新明解国語辞典　三省堂、森田良行　基礎日本語辞典　角川書店　一九八九、森田・松木日本語表現文型　アルク　一九八九。『基礎日本語辞典』は、外国人に日本語を理解させることを目的として辞書である。日本人にとっても、言葉の意味をわかり直すことに役立つ。それぞれの辞書にどのような特徴があるのかを知っておくも必要である。編集の意図があり、なんでも辞書ならよいということではない。たとえば、『広辞苑』は百科事典の要素もあるから古今の引用文が多く、意味だけを知りたいと思って引くとかえって混乱してしまうようなことがある。また、子どもの辞書にはどう載っているのかを調べておかないといけない。教室には異なる辞書を数種類は揃えておき、国語に限らず様々な教科で調べる習慣をつけるとよい。

三連では、「ああ……よ」と感嘆しながら、新たな世界観を詠っています。

この詩では、冒頭で最初の見方が提示され、次に「あっ、そうか」という気づきがあり、さらに「こういうことだったのだ」という大転換に至ったという「ぼく」の成長が描かれているのです。一連ではイナゴもぼくも同じ地平にいる。「でも」でイナゴを通して世界観が変わるきっかけとなる気づきがある。そして、ぼくは強い生き物のグループ（類）に、イナゴは弱い生き物のグループに属しているのだと、強弱を視点として生き物を二分して世界を見ようとする考え方に、「ぼく」が大転換する。イナゴの見え方が最初とは変わってしまったのです。区分されたグループの「あいだ」には、越えようもない大きな隔たりがある。「あいだ」というのは、二つの集合の共通部分も接地点もないという隔絶された状態を意味しています。「ぼく」とイナゴとは、時間的にも空間的に隔絶された存在なのです。

こんなふうにひとつひとつの言葉の真意がなにかを意識しながら辞書で調べたり、他の言葉との関係を検討したりしていくと、何気ない言葉にもすごいものが隠されているということが見えてくる。教師はそういう感性を養って欲しい。詩は、単に一連二連三連と続いていくのではなく、一連と二連があり、その上に乗っかって第三連がある。そういう展開を見抜いて欲しいのです。すると、この詩が新しい別のものに見えてくるはずです。

素直さと疑問

『ごんぎつね』も例に引いてみましょう。場面5の終わりで、こいつはつまらないな、神様にお礼を言うんじゃおれは「引き合わない」のところで、ふつうなら、それでもう行くのを止めてしまうでしょう。ふつうの感覚として、それならわかりますね。しかし場面6で、ごんはまた行くのです。だから素直に読んだ読者は、えっ、なんで行くのかと思うでしょう。ここで、ごんの内面にとんでもない大事件が起こっていると思うのが素直な読み方でしょう。しかし、その素直に読むということが実は難しくて、案外すんなりと場面6に読み進んで行ってしまう。こういうところでこそ、なにかとんでもない大事件が起こっているのではないかと立ち止まるような感覚を身に付けたい。そういうところで、疑問という触手がひょっと伸びるような感覚を。

小説・絵・音楽・詩は、すべて日常的な見え方じゃないものが描かれている。最初からそう思って臨むことが、ある意味大事。一般の人と同じ見え方や捉え方が示されたって、誰も驚きはしない。芸術家岡本太郎のキャッチ・フレーズに、「なんだ、これはっ」というのがありますが、あれこそ芸術の意義をひと言で表している。だから、この詩を読もうとするとき、最初からここにはふつうじゃないイナゴがいるんだぞと思ってかからなくてはいけない。

『ちいちゃんのかげおくり』だって、そうです。「ちいちゃんの」の「の」は、特定のとか固有のとかの「の」で、限定を意味しています。特別のという意味の「の」です。ふつうの人がやるかげおくりとは違うんです。自分自身を雲の上におくるんですから。普通の人のかげおくりじゃない。題名にそういうテーマ性が表現されていることが、この「の」から読み解くことができるのです。

教える意義

さて、今までは「なにを」「どう」教えるかに関わって述べきましたが、「なぜ」そのことを教えるのかについて、考察しておく必要があるでしょう。

例えば、国語以外の教科で言えば、理科で「熱伝導」を教える単元があります。物質による熱の伝わり方が異なることを教える単元で、教師にとって内容や方法は比較的はっきりしている。金属板にろうそくを塗ったり、金属棒に温度テープを貼ったりする実験があります。実験で失敗してしまったり観察させる視点が拡散したりすることは、比較的少ないと思います。実は私は、この熱伝導の単元になんだかしっくりこない感じを抱いたまま教え続け、遂に退職してしまいました。教える内容や教え方ははっきりしていて、教えやすい単元であったはずだったのにです。それが最近になって、やっとそのしっくりこなかった原因がわかりました。それは、なぜこのことを今教えなくてはならないか、教える意味が何なのかということが、自分の中で明確でなかったからなのだと。こういうふうに教えればよいのだという方法だけでなく、なぜそれを教えないといけないのか、今それを教える現代的な意義はいったい何なのかが不明確では駄目なのだと、わかったのです。

インターネットなどでキーワード「工学　熱伝導学」などと打ち込んでいろいろと調べ、工学系大学の熱伝導に関連する授業テキストなども五、六冊買って読んでみました。見たこともないような難しい公式ばかりが並んでいるテキストには、ほとんど手も脚も出なかったのですが、熱伝導学が現代科学においていかに重要か、そして私達の生活とどのように深く関係しているのか、そういうことが少しずつわかりました。例えば、私達が今日常的に使っているコンピュータやスマートフォンでは、経験上よく知っていますが、使っていると熱を帯びてきてあまりに熱くなると動きが鈍くなったり動かなくなってしまったりする。搭載されている中央演算処理装置やバッテリーが発熱するため、熱を逃がすために高性能のファンが回り続けていること、部品を作る物質は、極限まで薄く加工できて丈夫でありしかも熱を逃がしやすい物質でなければならないこと、それを取り囲む部品やグリスやテープも熱に強くしかも熱伝導がよいものでなくてはならないこと等々について改めて知りました。最先端のことで言えば、原子力発電にしても、一面から見れば発熱との闘いです。そんなふうに現代の生活や科学や工業において、熱伝導は、切実な解決課題なわけです。何十年も前はコンピュータこそ使われてはいませんでしたが、生活の近代化と発熱との相矛盾する問題は、切っても切れない関係だからこそどうしても解決しなければならない大問題であったのです。それなのに私はまったく暢気なことに、そうした熱伝導に関する知見の重要性を認識しないまま、ただ熱伝導の授業をやり続けていたのでした。これでは、結局なにをどう教えるかという内容も方法も貧相な授業にならざるを得ない。ですから、なぜそれを教えるのかという教育的意義についても、教材解釈の重要な要素ではあります。授業案に直接書かなくても、承知はしておかなくてはならないでしょう。これは、いわゆる素材研究の領域ですが。

何を教えるか

今まで述べてきたように、教師が教えるというとき、「何を　どう　なぜ」教えるのかという互いに関連し合った三つの要素があり、これらについて絶えず行ったり来たりしながら追求していかなくてはならないでしょう。しかしさし当たっては、何を教えたらよいのかを摑みとるための教材解釈の勉強をしていきましょう。「何を教えるか」をつかまえる力がついていく過程で、自ずと「どう教えるか」ということも問題になり、試行錯誤の中から自分なりの方法を整えていくのではないかと思います。もちろん、「なぜ教える」も自分なりの勉強で説明可能なものにしていかなくてはいけない。誰かにやれと言われるから教えているとか学習指導要領にあるからやっているというだけでは、教師として物足りません。

諦めずに勉強を続けていると、有効な疑問を探り当てる直観力や技が身についてくると思います。いくつもの教材にぶち当たって、苦しくても踏ん張ってやることです。力量や感覚を高めるには時間がかかる。教材解釈をやって臨んだ授業も、うまくいかず挫折を味わうことばかりかもしれません。でも諦めないで欲しい。勉強は苦しいからこそ楽しいのだ思います。勉強しないと教えることはできないのが教師だからです。

感化と修養

最後に私自身の理想を言えば、教育技術の最も優れたものは、感化であるということです。究極の姿はそれです。もちろん指導力があっての人間としての幅。オーラとも言えるし空気感と言ってもよいかもしれない。その人の傍に居ると、なぜか自分の至らなさが身につまされたり、もっと勉強しなければ駄目だなあと芯からそう思ったり、真剣に何事かやりたくなったり、そういうものが感化。それには、一朝一夕では身につかないが広い教養も必要でしょう。ですから、音楽や絵画や小説や多くのよいものに触れたり、優れた人の話を聴いたりするような修養も必要だと思います。感動したり目を見開かされたりする体験は、人間を内面から少しずつ変えていってくれるはずです。そうして、なるべく自分の感覚をピュアというかニュートラルというか、なるべく構えないような感じに開いておくようにする。

能動的に読む

今回の勉強会（ライブ・ＡＢ）についての感想を述べておきます。私達の日常生活というものは、通常のものの見方や一般的な世界観に基づいています。ある固定化された枠組みからの見方であったり通俗的な世界観に基づいたりしていて、疑問を持たないままなんとなく過ごしているような生活です。その逆に、自分の世界観を絶えず革新させようとしたり、あらゆる自然事象社会事象に対して疑問を抱き続けたりしていたら、疲れきってしまって生きてはいかれない。日常生活とはそういうものです。チコちゃんには叱られるかもしれませんが、ぼうっと生きているのが日常生活というものです。

問題は、教師がそういう日常生活の目で、授業について考えたり教材を見たりしていることです。授業とは、日常的なものの考え方や論理を疑い、ときにはそれを否定して新たなものへと転換するための非日常的な営みであるべきです。そうした営みを通して、新たな知識を習得したり新たな論理を再構築したり、その過程で思考力を形成したりするわけです。それなのに、教材を解釈しようとする教師の目が、日常的な次元のものでしかない。そこが問題です。

そして厄介なことに、自分が文章を書いたり話をしたりするときには、ひとつひとつの言葉の使い方に注意を払っているのに、書かれたものを読もうとするときには、単なる情報の受け取り手になってしまい、書き手は考え抜いた上で言葉を選びとり使っているはずだという意識も持ちにくい。つまり、言葉を使うときには否応なしに主体的能動的になっているのに、読むときには非主体的で受動的になってしまう。だからこそ、かなり意識的に自己訓練を継続していかないと、教師としての主体的な読みができるような力量を形成することができないわけです。

今回は、『スイミー』と『イナゴ』という二つの教材で、この訓練への導入をしようとしたわけですが、やはりかなり難しいことなのだと感じました。新たな理解を取り入れて従来の論理を否定し新しい論理を再構築することがいかに難しいことなのかを、改めて思い知ったと言い換えてもよいかもしれません。

『スイミー』の解釈では、最初に自分がこうだと思いついた読みのイメージを覆すことが、いかに困難なことかを痛感したことでしょう。

最終場面におけるスイミーの言動は、考える↓一緒に泳ぐ↓その実現↓目になることの決意表明↓大きな魚を追い出す、という順序で進行していきますが、それはその都度その時点において次の事柄の契機が生まれて進行したとするイメージを持って読んでしまうのが一般的でしょう。その一般的な読み方を、四回も記述されている「かんがえる」という語（＝教材の核）の検討を行っても尚、自ら転換することができなかったのではないか。

確かに、予習もされていなかったし辞書の説明を聞いただけであったし、十分な検討時間もなかったとは思う。しかし、「考える」が「思う」「感じる」とどのように異なる内容を持った言葉なのかをきちんと理解できたとしたなら、新たな理解に基づいて一般的な読み方のイメージを転換して新たな論理とイメージを獲得できたかもしれない。

もちろんそのためには、「なる」に注目しながら「泳げるようになったとき」について、「は」との違いを明らかにしながらの「ぼくが」について、「目」とはいったい何を含意しているのか、

「目になる」とはどういうことか、「なろう」という意志にはどんな思いが込められているのかというような小課題もクリアしなくてはならないでしょう。

それでも根本的な問題はやはり、「かんがえる」が頻出することの不自然さへの疑問（という感覚）が、どの程度であったのかということではないでしょうか。「何回も考えるというのは、よほど考え抜いたのだな」という程度の一般的な読みの次元に留まっていないで、「そこまで考えたというのは、いったい何をどのように考えたのか」というような問題意識になっていたかどうか、だと思います。

言葉の発見

私の読みを少し紹介しておくと――通常こういうことはあまり言わないようにしているのですが――、まず「およげるようになったとき」「いった」というそのタイミングと内容に対しての違和感から出発します。それから、右述の「かんがえる」の内容が何かを明らかにしようとしながら読み進めていく。「なったとき」という時点は、ある事柄が達成された地点を意味しているわけで、いわゆる閾値であり、それは目的意識を持ちながら予め待ち構えていなければ見切ることのできないような状態を意味しています。よくよく見極められた到達点です。その時々の状況が成り立ったら、漸く次の事柄を思いついて提案していくようなものではない。「かんがえる」以下のスイミーの言動は、「大きなさかなをおいだす」ための一連の計画的な問題解決学習行動である。そう解釈することによって、スイミーの強い意志に基づく主体的な行動がイメージされてきます。

この場面での読みの転換は、物語全体の中の、ある一部分における転換ではあります。しかし、教材の核に対する解釈の転換であるから、実はさらに大きな転換をも促すに違いない。核についての解釈の転換は、『スイミー』の物語全体の捉え方にかかわる。最初は嫌なことがあったけれど、最後には大きな魚を追い出すことができてよかったなあというような、いささかおめでたい雰囲気のものとしてではなく、苦難に陥ったひとりの存在が、周囲の仲間とともに共同で取り組み、到底個人では不可能と思われるような困難に立ち向かいながら、自らをさらには状況をも変革していくような存在になり得るのだと訴えている。そうした作品の主題にも迫っていかれるのではないか。主題そのものを扱うのではないが、核における読みの転換は、作品全体の読みやイメージをより深いものに転換していく可能性を生み出すのだと考えます。

論理の展開

さて、『イナゴ』もちょいとハードルが高すぎたでしょうか。「ぼく」という話者を通して、最初の世界観が、どのように転換されて新たな世界観が獲得されたのかについて描かれた詩なのだと、私は読みとっていた。しかし参会者の議論を聞いていた限りではそんなところには到底いきそうもないものだから、焦った私は思わず自分の読みを一方的に講義して終わってしまった。授業としては最悪です。ただし、教材となり得るような詩の多くは—物語もそうなのだが—、語り手本人や中心人物の内面的な成長過程が描かれており、連の展開というものも原則的にそのように展開していることはわかっておいて欲しいと思いました。

起承転結に則して言えば、この詩の場合、起は省略されている第0行にある。つまり書いてはないが、「ぼく」の、あるいは私達の一般的な価値観が暗黙の前提として隠されている。それを前提（起）として第一連が承と続く、そして第二連が転、第三連が結と捉えればわかりやすい。第0行に省略されているのは、「ぼく」が従来持っていた世界観である。世界観とは、つまり世界を、人間や昆虫をどう見ているか、その存在のあり方や関係性をどう捉えているかです。ふつうの世界観しか持っていなかった「ぼく」が、第一連である事象に遭遇する。ここではまだ従来の世界観から「イナゴ」を見ている。それが第二連で転換へのきっかけを得る。（転換の接続詞）「でも」と前件を引き受けておいて、それに反した新たな判断を「のだ」と提示するのが第二連。「ぼく」はあることに気づいたのだ。続いて第三連は、第二連を引き受けながらさらに一般化して展開し、「ああ」と新境地に達したという感動を伴いながら「強いいきもの」と「よわいいきもの」という強弱の視点から生き物を分類する新たな世界観を提示している。第二連で起こった捉え方の転換を、さらに抽象化し一般化したわけです。「ぼく」は「強いいきもの」の類に属しており、「イナゴ」は「よわいいきもの」の類に属している。その分類は、川のような「あいだ」が存在する越え難く峻別されたものなのです。

豊穣に実った稲の香が漂う田の中で、すぐ傍に同じように夕日を浴びながら存在しているのに、イナゴとぼくの「あいだ」には、どうしても越えることができないような川がある。深い川である。余談ですが、「男と女のあいだには深くて暗い川がある」と歌った歌手がいましたね。なぜなら、生きとし生けるもののこの世界は、強弱が基準の世界で、「ぼく」はこちら側の「強いいきもの」に属していて、「イナゴ」のような「よわいいきもの」達は、いつでも強いものから逃げながら生きている。世界は、そのようにできているのだと。

芸術の意義

そういう新たな世界観への気づきをもたらしてくれたもの、それが私にとっての「イナゴ」なのだと、まど・みちおは表現しているわけである。だから、題名が「イナゴ」なのですね。

さらに言えば、私の住む長野県では昔からイナゴは佃煮にしてよく食べたものですが、イナゴと言ったらすぐに佃煮を思い浮かべてしまうような人間の見え方と、まど・みちおがこの詩で提示しているようなイナゴの見え方とでは、あまりにも大きな隔たりがある。だからこそ、まど・みちおのような詩人がいるおかげで、私達は一般的通俗的な世界観を転換するきっかけを得ることができるわけです。それが、芸術や芸術家の存在意義です。私達にとって、まど・みちおやスイミーはどうしても必要だということです。

ライブC・演習――総論（3）――

教材：ふるさとの訛なつかし・・・（石川啄木）

Y・I・O・N・T・F：参会者（小学校教員　指導主事　大学教員）

平田：教材解釈の勉強会を始めましょう。最初にYさんにレポートを提示してもらいながら、解釈を発表してもらいます。その後、それぞれの人から質問してもらったり、自分の考えなど言ってもらう。Yさんの方からZoomの共有機能を使ってレポートを提示してもらい、それをみんなで見ながら話を聞いていくようにします。

Y：教材解釈を発表させていただきます。まず、作者の感動というのがどこに表れているのだろうというところから迫っていきました。そして短歌ですので、最初に注目したのは、句切れ。他に感動詞というのがないので。終止形があるのが二句目というので、二句切れなんじゃないか。つまり「なつかしいな」ということに感動の中心があると考えました。

原因動機と結果を明確に

平田：それは今、レポートの1のところの説明ですよね。終止形があるのが二句目というのは、どういう意味ですか。

Y：まず形容詞というか、なつかしいというのが。ぼくもあやしかったので、まず句切れというものから復習していったら、基本的には終止形で終わっているようなところ。句切れというのが、あることが多いというところがあって、今回のやつだと、そういう形容詞的な終止形は「なつかし」しかないですよね。

平田：あなたは、「終止形があるのは二句目になる」と書いてある。

Y：ぼくちょっと、句切れ、訛なつかしで切れる。

平田：二句目というと「聴きにゆく」じゃないのか。

Y：ごめんなさい。一句目です。一句目に感動があるにしてください二〇。いいですか。

平田：これ二句目が「そを聴きにゆく」と終止形だよね。「そを聴きにゆき」となっていたら、停車場の人ごみに「そを聴きにゆき」、その後に「ふるさとの訛なつかし」という順序になる。二句目が終止形になっているので、一句目のことがあって、つまり上句があって、だから下句

二〇　平田とYさんとでは、一句目二句目の意味が異なっているらしい。Yさんは、レポートでは「なつかし」の後に／を入れて区切っていながら、発言では「訛なつかし」が一句目としており、少し混乱しているようだ。一方平田は、この短歌全体を「なつかし」までで一旦切れているから上句、それ以降が下句と大きく2つに区切って捉えている。平田が「ゆき」ではなく「ゆく」だ、などとしつこく何度も述べているのは、「なつかし」の動機が「聴く」ではなく、訛が偶然「聞こえた」ことによると解釈しているためである。

があるという順序になっているんだよね。「なつかしい」という心理になったのは、聴きにいったらそこで「なつかしく」なったのではなくて、「ふるさとの訛なつかし」というのがあって、そして次に「そを聴きにゆく」というのがあるということなんですよね。
Y：はい。
平田：二句目の「そを聴きにゆく」が「ゆき」じゃなくて「ゆく」になっているから、そちらの方に感動の中心があるということか、「なつかし」に感動の中心があるということか。
Y：感動のもの自体があるのは、②③に関わってくるけど・・・。ちょっと下の説明しながらやっていいですか。
平田：私が何を聞いているかというと、あなたのレポートに「感動の中心は二句にある」とは、「なつかし」の方に感動の中心があるのか、それとも「ゆく」の方にあるのということなのか。
Y：「なつかし」のほうですね。
平田：わかりました。
Y：「なつかしい」というのがどんなものなのか（weblio で）調べたときに、②思い出に心引かれる、とありました。『基礎日本語辞典』では、「遠い過去に自分が接して」というところで、特に注目したいのは、「事物に触れたり、それを思い出す機縁があって」ということですので、前に平田先生がおっしゃったように、何かを受けてなつかしいなと思っている。「の」が重要かなと思っています。じゃあ、その何かというと、さきほど言っていた「訛」っていうところになるのかなと思います。それで、(3)の方にいきますけれど、じゃあどれぐらい、うんと「訛がなつかしくて」聴きに行きたくなっているのかというのが、「聴きにゆく」というのに表れているのかなと思います。「聴く」という字があるんですけれど、ふつうに耳に入ってくるきくだったら新聞とかの「聞」。ききに自ら行きたいのはこっちの「聴く」になっていて、聴くためにそして「ゆく」なので。ある場所からわざわざそこに行くというのが「ゆく」にいうように『基礎日本語』にのっていたので、ぼくの解釈は「停車場の人ごみの中にゆく」なので、停車場つまり駅も含めた電車の停車場の外に作者がいて、さっき聞いた訛っていうのを、「あっ、やっぱり聴きに行きたいな」と、一度は駅の外に出たのに、またもう一度向かう様子というのが、この句に表れているんじゃないかなということで書きました。それがだいたい句の解釈です。

平田：今、ちょっと確認したいんだけど、時間的な経過みたいなことでいうと、訛を聞いたということがあった。最初にあった。

Y：そうです。駅の中、停車場の中に作者は、聞いたことがあって、そのときは「聞く」、新聞の聞のほうで、「訛、聞いたな」程度だった。

平田：聞こえてきたということなんだね。

Y：それでまあ、いろんな用事とかもあるから、停車場の外に出るんだけど、「あっ、さっき聞いたの、やっぱりなつかしい。やっぱり聴きたいな。」だから、停車場の人ごみの中に行きたいなと思って、わざわざもう一度停車場の人ごみの中に入って行くという様子を想像しました。

平田：そうすると、もう一回元の短歌のところに戻ると、短歌全体の中で、上句というか一句のほうに主というかその人の言わんとすることあるのか、それとも二句の下句のほうにあるのか。どっちが主なのか。

Y：一番は一句のほうが主かなと思います。「なつかしい」からそれを聴きに行く。

平田：今あなたが言っていることからすると、「なつかしい」から、「ゆく」というのが主になるんじゃないの。「なつかしい」からと今言ったでしょ。

Y：ああ。

平田：それが理由とか原因、きっかけになっていて、だから「ゆく」。そうすると「ゆく」の方が主になるんだけど……。

Y：言われるとそうです。

平田：つまり、「ゆく」というのは行為だよね。その行為が出現した原因や動機はなにかということになる。なつかしい訛を聞いて、なつかしいという心境になった。そして、行ったわけだ。なぜ私が最初からそういうことにこだわっているのかというと、どちらが主でどちらが理由とか原因かという問題なんです。

Y：そうか、そうか。

平田：つまりそれがもしね、下句の一番最後が「そを聴きにゆく」でなくて、「ゆき」と終止形じゃなかったとする。「そを聴きにゆき」なつかしくなったとなっていたらわかるけれど、「なつかしく」なったのはその前に聞いているわけだ。訛を聞いて、なつかしくなったと。そして、どこかへ行きかけたけれど、あらためて聴きに行ったとなる。

Y：そうです。

平田：そういう時間的経過の問題と、どちらに主があるかという問題は残しておきましょう。

情報の角度づけ

平田：そうしたら、レポートで作者について書いてあるところを説明してください。

T：ここはちょっと調べたんですけど、ぼくの中では子どもとやる場合によっては、基本的には読んでいくことが重要かなと。必要最低限のことしか伝えないことにします。だからここで重要なのは、岩手出身だということ。停車場が上野駅だということ二二。東京にいたときには貧しかったこと。そういう周辺情報だけあればいいかなと考えて、これぐらいにしました。

平田：④東京にいたときは貧しかった、という情報は必ず入れたかったの。

Y：そうですね。これを本当に深くというか、理解しようとすると、作者観まで入れると、その下の「どう子どもと考えるか」と関わってくるけど、作者はなんでこんなに心が惹かれてい

二二　上野駅付近に歌碑がある。実際に写真に撮ってきて見せたり、インターネットで公開されている画像を活用したりしてもよいだろう。

るのだろうということで④を考えたときに、基本的には東京にいて寂しい。そういうレベルのことしか出てこないというときに、実はこの作者はこういう状況だったんだよと説明して、そういうことかということで深まるかなと。
平田：貧しいには、金銭的な貧しさと心の貧しさがあるでしょう。
Y：そうですね。
平田：あなたが言っているのは、どちらかというと金銭的に貧乏だということだけじゃなくて、金銭のこともあったかもしれないけれど、心の貧しさみたいなもの。それを寂しいとか独りぼっちと言い換えてもいいかもしれないけれど、そういうものが相俟ってあったというかたちで子ども達に情報として与えるかどうか。そういうふうに、単に金銭的なことに留まらないで内面のことも情報として与えれば、句の中に容易に入っていけるかもしれない。金銭的に一〇万円だとか一〇〇万円だとか言い合って、それで足りるとか足りないという話し合いをさせることじゃないんだ。
Y：そうですね。

中心問題は何か

平田：では、その下の「以上を踏まえて」のところの説明にいってください。
Y：難しい語ということで、まず語がわからなかったらだめなので、子どもがひっかかりそうな語だけ選びました。そういうふうに調べて子どもに知識を注入するということと、②の訛は聞いたのだろうかそれともこれから聴くのだろうか、ということは、さっき言ったように、どういうふうに聴いているのかをちょっと論議して、イメージしやすくなるかなというところがあると思う。③の作者はどこにいるのだろうかというのは、「ゆく」というのがキーワード。「なつかし」と「ゆく」がキーワードだと思うんですけど。ここから、わざわざ「ゆく」んだよということを考えるために、③の作者はどこにいるのだろうというところを入れたほうがいいかなと思いました。

平田：一番考えたいというのは、③と④のところですね。

Y：そうですね、読みを深めたいのは②か③かな。④は振り返りというか、句を全部読み終わって、ある程度納得して交流したいこと。

平田：なるほど。③の作者はどこにいるのかという問題について、あなたはどう考えているの、あなたの解釈は。

Y：ぼくは、基本的にはこの句の場面では停車場の外。だけど、出ちゃってすぐ戻れるようなところで、停車場から出たぐらいを想像してました。

平田：停車場の中に人ごみがあって、停車場の建物があって、今は停車場の建物の外にいると。

Y：そうですね。停車場の人ごみという、人ごみの中でも停車場のっていう、修飾をしているのが、そこがキーポイントかなと。

平田：なるほどね。「ゆく」を問題にする場合、どこからということと、どこへということと、どこからどこへと、三様ある。「ゆく」でも、そういうふうに問題はいくつかできると思う。そうすると、あなたは、「ゆく」といった場合、作者は停車場の建物の外にいて、外のところから停車場の中にある人ごみの中に行くんだと、そういうことなんですね。

F：もう一度「ゆく」ということを、Yさんが思ったのはなぜなんですか。私は、もう一度とは思っていなかったので。

平田：どこからもう一度という考えが出てくるのか、ということですね。

根拠はどの言葉か

F：なぜもう一度と思ったのか。一回停車場にいて、外に出てもう一度入ろうとしたという設定を考えたのか、Yさんの思いを聞きたい。

平田：さきほど言ったように、主文が二句目にあるとしたなら、ふるさとの訛がなつかしいと思うのには、訛を聞かなくてはいけない。訛を聞いて、それからもう一度聴きに行く。

F：なつかしい訛を聞いたということが、どうしてもわかりません。まず聞かなくてもなつかしいと思うことはできるわけであって、その前提がぼくの考えと違うんです。

平田：うんうん、そこなんですよ。

F：なつかしいと思うのは、例えば家にいても自分の頭の中で「なつかしい」と思える。

平田：「なつかしい」感情が沸いた場所と動機の問題ですね。Yさんは、最初に聞こえてくるという門構えの「聞く」があって、次に視聴の「聴」があるという二段構えで考えている。だから、もう一度というのはそういうことなんでしょう。
F：私はこの詩を読んで思ってきたのは、石川啄木が、自宅か自分の頭の中かわからないが、そこで「なつかしいな」と思っていて、じゃあただの「なつかしさ」を実際に聴きに行こうと思った。家の中か、行こうとしている途中か、と私は思っていた。この詩に触れたときからそう思っていた。Yさんの分析を見て、「もう一度聴きに行った」という発想を知って、「そういうふうに読めるのか」と思いました。
平田：停車場からかなり離れたところ、自宅なのかはわからないが、かなり離れたところと考えるか、それとも停車場のすぐ近く、あるいは建物から出たような出ないようなその境目のところぐらいのと、今は二種類の考え方が出ていますね。
F：訛を聞いていないというのが私の考えです。
平田：ああ、なるほど、なるほど。なつかしいと思ったときには、まだ聞いていないと。
F：聞いていない。その場に行っていないという設定かなと思っていた、「ゆく」だから。
平田：では手を挙げてください。Fさんのイメージに賛成の人。あらま、そう。Yさんのイメージだと思う人。この問題は、残しておきましょう。これ、おもしろい問題ですから。それでは、Nさんのレポート発表にいきましょう。

N：まず、解釈に入る前に、言葉について深くなにかなと思って調べてみました。まず「訛」が「発音からずれたこと」、「なつかし」は「以前のことを思い出して、もう一度会いたい（見たい）と思う気持ち」。「聴く」は「聴」くなので、一生懸命に聴く。一生懸命に移動して聴きに行ったということがわかります。次に作者について、この句を読んで、この作者はどんな思いをしているのだろうと思って、作者について調べてみました。

知っていてもわかっていない言葉

平田：Nさんは、「訛は東北地方の方言だと思った」と書いてある。これはどういう意味ですか。
N：岩手県出身で。自らも上京してきたときに、同じような境遇で東北地方の方が東京にやってきた時代だったのかなと。
平田：訛っていうのは、東北地方の人だけを問題にしていることなの。
N：訛は九州もあったり、いろんな共通語とはちょっとずれた、関西弁もそうなんだけど。この訛は東北。故郷の言葉なのかなと思いました。
平田：今、「訛」と「方言」との違いについて言っているわけですが、これについて発言する人いますか。つまり、Nさんの説明を聞いていると、訛と方言というものを同じに捉えている場合もあるし、違うように捉えている場合もあったりしている。例えば、ある言葉を聞いたときに、「あなたは東北なまりだね」という場合もあるし、「それは方言だよね」という場合がある。

「私のところでは違うよ」という言い方をするときもある。つまりはっきり言ってしまうと、「訛」というものと「方言」は違うんですよ。違うものを、Nさんは同じものだと捉えてしまっているわけ。それについては、ちゃんと調べてあって、訛は「本来の発音からずれたこと」と書いてありますよね。「訛」は発音からずれているということで、意味としてはずれてないということ。

N：ああ、あー。

平田：つまり、関西訛でしゃべるってことはあるんだけど、意味は同じってことはあるわけ。これについて、何か言えることある人いますか。

T：ぼくがどこで調べたかは忘れましたが、調べたときには、マイナスイメージとして訛ってものはなんだろう。意味は一緒だけど、なにか主流から外れたようなマイナスイメージとして使われるということは、どこかに載っていました。

平田：訛っていう漢字を見てみてください、言偏に「化ける」と書いてあるよね。発音が化けているわけ。関西訛とか東北訛があるわけだ。例えば私は信州に住んでいるけれども、「疲れた」という意味で「ごしたい」とか「かったるい」と言う。「ごしたい」とか「かったるい」というのは疲れたという意味なんです。それはね、訛じゃないんだ、方言だ。疲れたと同じ意味なんだけど、違う言葉を当てているわけ。訛というのは、言葉は同じなんだけど抑揚が違う。標準語のアクセントで「そうなんだよね」というのを、関西風に言うときはイントネーションがずれているわけ。違っていると言ってもいいし、発音のしかたがずれている。それを訛ったと言っている。だけれども、Nさんのさっきの発表を聞くとね、「岩手県出身なので、訛は東北地方の方言だと思った」と説明しているわけ。これ、変な言葉表現です。訛と方言は別のものと、まず捉えないといけない。

Yさんは、訛は方言に比べてマイナスイメージだと、違うものだとは捉えているよね。だけど、訛はどういうもので方言はどういうものか、きっちりと説明できるところまでは調べていない。それが惜しい。

聞こえてきたとか聴きに行きたいとかいぅ問題についても、言葉の訛が聞こえてきたので、Yさんは聴きにいきたいと捉えるわけだし、Fさん達は、訛っている感じがなつかしいと思って行きたくなったと捉えているわけ。つまり、ここで「訛なつかし」というとき、「疲れている」というではない別の言葉「ごしたい」を聴きに行きたいということなのか、それとも「つかれている」「つかれて　いるん　だよねー」というように発音が訛ったものを聴きたいのか。ここはきっちりと子どもにも入れなきゃいけない。

類語を調べて

教材解釈としては、教師は、訛と方言は違うのだということを調べてきちんと理解しておかないといけない。似た言葉、関連した言葉、そういう言葉を類語と言うけれども、類語を調べておかないと。類語を調べると、それぞれの言葉の特徴がはっきりする。それによって、ずいぶん見えてくる。今日のゼミでは、類語を調べて言葉の特徴を明確にすることがいかに重要かを覚えて欲しい。訛と方言は違う。私は長野県に住んでいるからすぐに「ごしたい」の例を出したんだけど、Nさんは何か例を出せるかな、こういうのが訛でこういうのが方言だと。あなたはどの周辺の出身ですか、奈良出身なんですね。Tさん、どうですか。

T：石川県ですけど、訛は・・・「今日」を、「きょ↗う」と語尾が違う。方言としては、悪いことを「なっちゃかん」と言います。

平田：地名でも「大阪」なら、私達は「おーさか」と並行に言うけれど、関西では「おー↙さか」とイントネーションが違うでしょ。発音のしかたが違うよね。同じ字を見て、同じこと言っているのに違ったりする。あなたが言ってくれた「なっちゃかん」は、「なっちゃいねーよ」（成っていない、の意か）という意味かもしれないが。

このように、方言と訛をきちんと捉えておいて、説明できるようにしておかないといけない。この短歌では、方言がなつかしいのではない、訛がなつかしい。

方言と訛が決定的に違うところが何かと言えば、「訛」というのは生身の人間にくっついている。方言は辞書などに載っていることからもわかるように、身体にくっつかないで離れている。訛ってものを辞書に載せることはなかなか難しい。例えば大坂という字を書いて、「おー↙さか」というか「おーさか」と言うか。標準語は辞書に載っているが、訛は辞書にはない。だから訛っていうのは、生きた生身の人間にくっついている。方言というのは、くっついていなくても在りうるわけです。ここのところまで説明してくると、作者は停車場のすぐ近くではない、例えば駅から離れた自宅の部屋のような場所にいて、なつかしいと思うかどうか怪しくなってくる。どうですか。
T：なるほど。
平田：訛っていうものは、それだけでは単独で存在できない。つまり、人間の身体から離れたところでは接することができないものだとすると、「訛」という語を、Yさんは自分の論理の根拠にできるのだけれど、そのことには自分では気づいてなかったようですよね。
Y：はい。

動機と場所の問題

平田：それでは、さきほどFさんが出してくれた、作者はどこにいるのだろうということについて、もう少し話をしてみてください。Oさんはどういうイメージですか。
O：私はなんか、ふるさとの訛というのにすごく・・・停車場というのが、石川啄木の背景を見たときに、その時代の象徴みたいなことも出ていたので、「ふるさと」というのがすごい、その時代の貧困とか、夢とかを表す材料になると考えていて、私のイメージでは離れた場所にいるんだけど、「ふるさと」の事をすごく思い出せるのが停車場で、そこへ「ゆく」。「ゆく」を調べたときに「AがBへ行く」とあったので、「ゆく」はそこに向かっていくことなので、あえて離れたところに行く〔二三〕。それは「ふるさと」というものを、石川啄木が「ふるさと」というものを感じるために行く。戻ることができない「ふるさと」に行く、と考えました。
平田：今のを聞いて、Yさんはどう思う。
Y：ぼくはさっきからちょっと、ひっかかっているのは、上野駅まあ停車場というところに絶対に訛ってものがあるというのがなんでわかるのかな、というところが。
平田：なんで停車場なのかということ。訛がなつかしいと思ったときになんで停車場を選んだのかということですね。
Y：うん、まあそうですね。だから、そこにあるとわかっているから、行ったんじゃないか。停車場で聴けない場合はないのかというところが・・・。
平田：Iさん、どう。
I：停車場というのは、イメージで言うと、いろんな地方に発車して行く路線があるんじゃないかな。停車場に行けば、自分の故郷に向かう路線もあるだろうというイメージなので、そこ

二三　Oさんはこの発言中で、「停車場の人ごみの中に」ゆく、という短歌の記述を、「停車場へ行く」と読みかえてしまっていることに気づいていない。「ゆく」目的地は停車場ではなく「人ごみの中」でなくてはならないし、「中へ」と「中に」では異なっていることにも気づいていない。

に行けば聞けるかもしれないという確率の高さじゃないですけど。戻る人もいるだろうし、自分の田舎から来る人もいるかもしれない。だから停車場というものを持ってきてるのかなと思っていて、ふるさとの訛なつかし・・・。私も作者がどこの場所にいたか悩んでいるんですけれど、奥さんいなくなった、息子もいなくなった、裕福ではない、寂しい状態だけれども、写真か風景かなにかの写真を見たときに、ふるさとのことを思い出されたときに、今東京で標準語で話している人が多い中に、啄木さんは訛を標準語に直さなければならない[二三]。訛は直せるわけじゃないですか、直して生活しているけれど、訛のましゃべりたいというか、訛のイントネーションを聴きたくなるというか、そういう気持ち、さみしさの中で聴きたくなって。それをするならば停車場しかないと思って、家の中になにもない人の声もない、自分しかいない中で、恋しさもあって、そっちに向いて行ったとそういうふうに思いました[二四]。

二三　さきほど平田は、「訛」は「生身の人間にくっついている」と説明しているのだが、Ｉさんは「なつかしい」と思うきっかけを「写真か風景かなにかの写真を見た」とイメージしている。写真を見ることが、「生身の人間にくっついている」訛を「なつかしい」と思うきっかけに、果たしてなり得るだろうか。このＩさんの対応は、提供された新たな情報を即座に自分の論理に取り込んで自説を修正することが、いかに困難なことかを示している事例でもある。

二四　ここではまだ検討されていないが、「なつかしい」と「恋しい」とは意味が異なる。Ｉさんは、両者をほとんど同意と捉えているらしい。

平田：あなたは、そういうふうに今自分のイメージや解釈を言ってくれたんだけど、そのときに根拠にしている言葉って何ですか。

I：「訛なつかし」と「ゆく」です。聴きに行くところの設定も、「停車場の人ごみ」という三つから連想した感じ。テレビとかがあって、点けたら訛が聴けるような暮らしじゃないと思うので、停車場という感じなのかな。

平田：ほかに言いたいことがある人は言ってください。

F：ひとついいですか。標準語という問題が出ているんだけど、啄木が生まれたのが明治十九年で亡くなったのが明治四五年。明治になって標準語というものが生み出されたわけで。このときはまだ標準語が一般的に多くしゃべっている時代ではなかったと思うんですよね。標準語がやっと作られて、普及しはじめたときに、どうなのかなと思った。今、ぼくたちは標準語が当たり前だという時代に暮らしているんだけど、この時代はそうではなくて、まだ方言や訛がかなり残っている。やっと初等教育、中等教育で広めていこうとしてからまだそんなに時間がたってないときだったから、そこで啄木が考えたことはどうだろうと考えたんですよね。

言葉を根拠に

平田：いずれにしろIさんの考え、Fさんはもっと抽象的な事柄なんだけど、いずれも状況証拠なんです。この短歌から離れた情報である経歴とか時代背景とかを、短歌を解釈するときの直接の根拠にして考えようとしてしまっている。そうではなくて、啄木がこの短歌で書いている言葉を根拠にして考えなくてはいけない。さきほどから言っているように、ここでは方言でなく「訛」という言葉を使って書いている。訛というのは人に密着していないとありえないと言っているわけです。それは、きちんとした根拠になりうる。人に密着しているような形での「訛」が「なつかしい」と思ったということは、作者はいったいどういうところにいることになるのか、と考えなくてはいけない。そういう問題を、状況証拠とかあるいは時代背景とかで解こうとしないで、啄木が表現している三一文字の中から証拠を見つけてこないとだめです。

もう時間がないので、zoomの画面を共有しながら私からまとめて話をさせてもらいます。やっぱり言葉を根拠に考えていくということが非常に重要なんだけれど、皆さんがやろうとしていることは、どっちかというと状況証拠が多い。

まず、訛のことはさっきやりましたね。『基礎日本語辞典』のところに「なつかしい」という言葉が説明してあるんだけれど、関連語の「恋しい」という言葉と関連させながら説明されている。Yさんは、『基礎日本語辞典』から証拠をとってあるよね。「懐かしい〜遠い過去に自分が接して強い印象を受けた対象に再び接したり、あるいはまた、その対象にゆかりのある事物に触れたり、それを思い出す機縁があって心に喜びを覚える状態を言う。」(基礎日本語辞典　四一五頁)「懐かしい」のところで出している。

そこの部分のところ、「懐かしい」の最初のところを見ていくと、関連語で「恋しい」と書いてあるけれど、「懐かしい」も「思いが引かれる状態である」、「恋しい」も同じなんだ。ただし、懐かしいというのは「それを思い出す機縁があって心に喜びを覚える状態を言う」というわけだ。Iさんが自分の発言の中で奇しくも言ったように、「懐かしい」はなにか写真を見るとかいうようなことを言いましたよね。つまり、何かきっかけがないと「懐かしい」という感情は起きない。「恋しい」というのは、恋人のことが恋しいとか彼女が恋しいとか、これにはきっかけなんかはいらない。四六時中、二四時間恋しいわけだ。理由もきっかけもいらないわけ。「なつかし」というのは、必ずきっかけが必要なんです。Yさんの場合は、『基礎日本語』を調べたけれど、次のページの最初から二行目、私が線をひいたところ、「恋しい」が「既知の対象に心が引かれ、出会いを望む感情である」のに対して、「懐かしい」は「単に思い出して心暖まる感情」、この次がすごく大事なんだよね、「その対象に出会っても、出会わなくてもいい。しかし、必ず思い出すきっかけがある」ということです。これが「恋しい」と「懐かしい」の違いなんです。

つまり、きっかけがないと「懐かしい」という感情は生まれない。このYさんの案によれば、自分がなんでもない状態のときに、なぜか訛が自分の中に聞こえてきた。それが、きっかけになって、「懐かしい」という感情が起こった。そして、聴きにゆく。そこで動機が生まれたとなっていくと解釈している。それに対して、作者のいる場所が停車場から離れたところだという人は、何がきっかけだったのかを、うまく説明できるでしょうか。写真を見たのか、手紙を読んだのか。「恋しい」ならば、きっかけはいらない。寝ても覚めても彼女のことが「恋しい」というように、きっかけなんかはいらない。「懐かしい」は必ずきっかけが必要。しかも訛というのは、方言と違って、人に密着してないと成り立たない。生なんです、生。そしたら、停車場から遠く離れた所にいて、人に接しているはずの訛をどういうふうにきっかけとして得たのか。そういうことを考えてくると、ここだけでも停車場から離れているところという案は、危うくなってくるんじゃないのかしら。

イメージを転換したり追求したりしたいんだけど、問題を解決するために、どうしても状況とか時代背景とかを根拠にしてしまう傾向がある。はっきり言ってしまうと、そういうことは皆思い込みです。思い込みを根拠にするのではなくて、今やってきたように、言葉を根拠にやっていかないといけない。

もう一度教材に即して説明してみましょう。まず、訛というのは、方言とは違うということやりましたよ。訛は、人と密着しているということが大事。そこが方言との違いです。方言は客観的に独立して成立するが、訛は人と密着している。その訛が「なつかし」につながる。この「なつかし」は恋しいとは違って、なにかきっかけがいる。きっかけがないと、なつかしいという感情が起きない。「ふるさとの訛なつかし」だから、つまりふるさとの訛がなつかしいということですよ。実際に生身の人間から訛を聞いたことが、「なつかし」と思うきっかけになっているわけです。訛は人に密着していないと成立しないわけですから。

助詞に着目

さあ、そしたら下句はどう解釈するか。Yさんは、「聴きにゆく」のところで、「に」に着目している。私も「に」に着目したい二五。Yさんのレポートで、(3)のところに何が書いてあるか見てください。「聴きにゆく」の説明が書いてあります。

(3) 聴きにゆく ここでの「に」は連用形につく格助詞の「に」であるから、「聴くために」と理解することができる。また、「ゆく」は現在の場所から移動する様を表すため、わざわざ「そ＝訛」を聴きに人ごみの中へ移動する作者の様子がうかがえる。つまり(2)と合わせると、訛を聞いた停車場の人ごみにもう一度訛を聴きたくてわざわざ向かう様がえがかれている。

Yさんは、「ゆく」は現在の場所から移動する様を表すため、わざわざ「そ＝訛」を聴きに人ごみの中「へ」移動する作者の様子云々と……「に」を「へ」に変えて、レポートに書いている。自分で「へ」と言い換えてしまっているのですね。つまりあなたは、「に」について着目はしていながら、実は「に」と「へ」の違いについてはあまり意識できていない。違いは何でしょうか。

二五 平田が着目している「に」は、「聴きに」ではなく「中に」の「に」の方である。

Y：ちょっとさっきから（辞書を）見てるんですけれど・・・今、説明できません。
平田：Tさん、わかりますか。なになに「へ」とか「中へ」というのと、「中に」っていうのとの違い。
T：ちょっと調べます。
平田：何処どこへ。何処どこに。
Y：ありました。「に」の方が、帰着場所。（『基礎日本語』八八七頁）
平田：帰着場所ね、到着するポイントです。「人ごみ」っていうのがあって、その中「に」の帰着点がはっきりとある。そして「へ」っていうのは？
Y：「へ」は途中とかでも使われることがある。（『基礎日本語』一〇一七頁）
平田：つまり方向ですね。
Y：そういうことも書いてあります。
平田：方向性を表している。そちらのほうへ、これは何処どこへ、だと。「に」というと帰着点がはっきりしているわけです。

漢字の意味の違い

そうするともう一つのここ、これを二人とも比べているけど、この門構えの「聞く」と「聴く」はどう違うか。門構えの聞くは、耳があったとすると、どこかでお寺の鐘が鳴ったりすると響いてきて耳に到達する。聞こえてきた。「柿食えば　鐘がなるなり　法隆寺」というのは、自分が先に鐘の音を聴きに行こうとしたのではなくて、柿を食べていたら聞こえてきたわけだ。この門構えの聞くは、外から耳の中に聞こえてきたという聞くだよね。そして「聴く」は、そうではなくて、自分と何か隔てるものがあって、例えば壁を隔てた隣の部屋でひそひそ話をしたり何を言っているかわからないようなとき、耳をそばだてて内容を聴こうとする。中身を聴こうとする。その話の内容を聴こうとする。壁の薄い部屋にいて、向こうの部屋から何かひそひそと聞こえてくる。いったい何を話しているのかなと、耳をそばだてて聴こうとする。それが「聴く」なんです。漢字の成り立ちを調べてみると、そういうことがわかってくるから調べてみるといいですよ。

Yさんが出しているように、最初聞こえてきたのは訛で、自分の中に門構えとして聞こえてきた訛がきっかけになって、なつかしいという感情が湧いた。それをきっかけに次の下句の「停車場の人ごみの中に」、その聞こえてきた人ごみのある地点に到達したいために、それを「聴きにゆく」という構造になっているわけです。言葉を手がかりに考えていくとそういうふうにならざるを得ない。

他の人達が出している意見は、ほとんどが状況証拠か思い込みによる自分のイメージです。自分がなにか言葉を調べる、言葉を調べたら、それを手がかりにして考えていくことしないで、啄木が生きていた状況とか周りの方から攻めていっちゃってる。

解釈を変えるための言葉調べ

大事なことは何かというと、やっぱりまず言葉を調べることですけど、言いたいことは二つ。今言葉を調べましたね、「訛」それから「なつかし」それから「中に」それから「聴く」を調べたんだけど、いずれの場合も類語・関連語についても見ました。類語・関連語を調べてみることによって、言葉を比較して、その言葉の特徴をつかまえることができる。そして、その言葉を手がかりに自分の論理をつくりあげる。

だけどね、二人とも一番足りないのは、言葉を調べてみても自分の最初のイメージや読みが転換していかないことです。最初の第一次の読みが、言葉を調べることで転換して、別な第二次の読みにいくかどうか。最初は、自分はどこか部屋かなんかにいて、なんとなく訛がなつかしく思って、家を出て人ごみの中に行って、訛や方言という故郷の言葉に触れたいなというイメージを持っていたような人が、言葉を手がかりに調べていくことによって、「訛」は人に密着している点が「方言」と違うなとか、「なつかしい」というのはなにかきっかけがないといけないなとわかってくる。そうしたら、そんなに遠くへ離れていては、ありえないんじゃないだろうかと考え始めたり、「人ごみの中に」の「に」は「へ」じゃないから、人ごみの方へ向かって行くのではなく、ある特定の地点に向かって行かないといけないことになるとわかってくる。今度は、「きく」を調べたら、門構えの「聞」ではなくて、そばだてて内容を「聴」こうということだとわかれば、実は短歌の最初のところに門構えの「聞く」が隠されていて、訛がなんとなく聞こえてきたのでそれがきっかけになって「なつかし」と思い、今度は内容をちゃんと聴いてみたいという欲求になったのだと、より高次の読みに変わっていく。

その人がいた場所についても、家か下宿ではなくて、もっと人ごみの近くのところにもともといて、そこに何気なくいたら故郷の訛が聞こえてきてなつかしいなと思ったのが動機になって、もっと中味を聴きたくなって、人ごみのある特定の地点のところ「に」向かって行ったというような第二次のイメージに転換できるかもしれない。

言葉を調べることで最初とは違う読みに転換しなければいけないんだけれど、二人とも転換はしてない。最初の読み、第一次の読みに留まったままで、言葉だけを調べていくと、自分のイメージは変わらないけれどもなんとなく詳しくはなっていく。また違う言葉を調べると、さらに詳しくなるというように、言わば横方向に広がっていくだけの読みで、第一次のイメージや論理が、全く異なった高次の読みに転換していかないということが問題です。それでは、教材解釈をしたことにはならない。

原学習としての教材解釈

私が今日の勉強会でやりたかったのは、ひとつは、言葉を調べるときには類語・関連語に着目してみるといいということ。類語に着目してみると、その言葉が持っている特徴がはっきりする。だけれども、言葉を調べているだけじゃだめです。自分の今の第一次の読みが、その言葉を調べることで第二次の違う論理とかイメージに転換しているかどうかが問題なんです。転換していかなければ、どんなに調べたってしようがない。転換しているかどうか。転換して別の読みを作るのが教材解釈。自分が持っていた最初のイメージが、調べたり勉強したりしてもあまり変わらないのであれば、それは教材解釈したことにはならない。

第一次の読みを二次に転換できたという教師自身の原学習としての教材解釈が、まずあること。それを前提として、たぶん第一次の読みの子ども達が多いだろうから、第二次の読みに転換できるような展開を仕組んでみたいと授業を構想する。そういう発想から、言葉調べでは類語を調べてみる。そして、教師自身が自分の最初の読みを転換して、第二次の読みを作り出していくことができるかどうか。このことを、やっぱりやらなければいけないと思う。この二つの事を確認したいなと思って、この教材をとりあげてみたんです。Yさん、どうでしょうか。

Y：はい、ここになんとなく、たしかに子どもの転換があったかというとあやしかったというのが正直なところで。なんか自分の読みをさっき言ったように、第一次で膨らませるところがあって、やっぱり子どもがどう読み取るかという部分がうすかったなと。だからさっき言ったように、ぼくのレポートの最後の①②③というのが自分で乏しいと言いましたけど、ここが転換するという視点が入ってくると、子どもも変わってくるのかなと思います。

平田：レポートには、「なつかし」のところが太字になって「あることに触れたり思い出す機縁」と書いてある。機縁ってきっかけのことでしょ、自分で太字にしてあるじゃないですか。

Ｙ：そうです。
平田：太字にしてあったのに、自分が注目している意味のところにまで辿り着いていない。機縁、つまり「なつかし」にはきっかけがあるんだと。この短歌の場合、このときのきっかけはいったい何なんだと、その入り口まで来ている。訛が聞こえてきた、これがきっかけであったんだと、だからなつかしいんだと。そしたら、それが原因になっているんだと。「聴く」についても、あなたはもう一度と、単に回数を問題にしているけれど、「聞く」が「聴く」になったら、今度は内容を知りたいからだと、「聴く」ことの中味を膨らませるように捉えるべきだと思う。でも、やっぱり足りなかったのは、「中に」に着目できなかったことかな。
Ｙ：そこはないです。
平田：それは大きかったよね。それができていれば、もしかすると自分の論理を補強することができたかもしれない。
Ｙ：はい。ありがとうございます。
平田：Ｎさんはどうですか。
Ｎ：状況の背景をさぐろうとしすぎて、言葉にしっかりと着目してなかった。自分の第一のイメージだけを、調べた言葉でまとめてしまった。平田先生が指摘してくださったように、横にばっかり広がってしまって転換できてなかったなと、今日すごく勉強になりました。
平田：解釈のところについて、例えば、レポートの三行目のところに、「停車場に来れば、良き思い出を思い出す方言に出会える」と、訛を方言に言い換えてしまっている。巧妙に言い換えている自分に気づいてないわけです。だから、恣意的ですよね。恣意的というのは、自分本位という意味だけど。その上の二行目では、言葉を根拠に言おうとはしている。「なつかし」いから、作者は以前のことが良い思い出となっていると。これも、自分の思い込みだとは思うけど、「なつかしい」という言葉があったら、それと似た言葉をもうひとつ調べて、比べてみるといい。比較することは、とても大事なことです。それから、四行ほど下のところで、「なぜ停車場に行ったのか」と書いている。これも、停車場から離れたところにいるということを前提に、自分がイメージしている。完全な思い込みですよね、それも。やっぱり言葉調べのときに、似た言葉を横に置いて、どう違うのかを考えてみるとよい。

啄木は歌を作るときに、おそらくものすごい取捨選択の挙句に、「訛こいしい」ではなくて「訛なつかし」を選択している。「こいしい」ではなくて「なつかし」。それがどうしてなのかわかってくると、人ごみの「中へ」でなくて「中に」の「に」を使っていることも見えてくる。啄木は、やっぱり選択して「に」を使っているわけであって、そういうことが見えてくると、第二次の読みのほうに転換していける可能性があった。

だけど、皆さんだいたいが自分の思い込みで、横にひろがっていくのが普通のやり方だから。言葉にこだわって調べてみて、自分のイメージが転換できたら調べた意味があるけれど、横に膨らんでいくだけでは、結局子どもよりはいろんなことを知っているというだけで、子どもとは違う論理とイメージを教師が持っているということにはならない。子どもとは異次元な、次元の違う解釈を持つことを教材解釈すると言うし、そういう教材解釈こそが授業につながるんじゃないかと思います。

ライブD・演習――出発点は疑問――

教材：ごんぎつね（新美南吉）

①これは、私が小さいときに、村の茂平というおじいさんからきいたお話です。
②むかしは、私たちの村のちかくの、中山というところに小さなお城が あって、中山さまというおとのさまが、おられたそうです。
③その中山から、少しはなれた山の中に、 「ごん狐」という狐がいました。ごんは、一人ぼっちの小狐で、しだの一ぱいしげった森の中に穴をほって住んでいました。はたけへ入って芋をほりちらしたり、菜種がらの、ほしてあるのへ火をつけたり、百姓家の裏手につるしてあるとんがらしをむしりとって、いったり、いろんなことをしました。
④或秋のことでした。二、三日雨がふりつづいたその間、ごんは、外へも出られなくて穴の中にしゃがんでいました。
⑤雨があがると、ごんは、ほっとして穴からはい出ました。空はからっと晴れていて、百舌鳥の声がきんきん、ひびいていました。
⑥ごんは、村の小川の堤まで出て来ました。あたりの、すすきの穂には、まだ雨のしずくが光っていました。川は、いつもは水が少いのですが、三日もの雨で、水が、どっとましていました。ただのときは水に

つかることのない、川べりのすすきや、萩の株が、黄いろくにごった水に横だおしになって、もまれています。ごんは川下の方へと、ぬかるみみちを歩いていきました。

⑦ふと見ると、川の中に人がいて、何かやっています。ごんは、見つからないように、そうっと草の深いところへ歩きよって、そこからじっとのぞいてみました。

⑧「兵十だな」と、ごんは思いました。兵十はぼろぼろの黒いきものを まくし上げて、腰のところまで水にひたりながら、魚をとる、はりきりという、網をゆすぶっていました。はちまきをした顔の横っちょうに、まるい萩の葉が一まい、大きな黒子みたいにへばりついていました。しばらくすると、兵十は、はりきり網の一ばんうしろの、袋のようになったところを、水の中からもちあげました。その中には、芝の根や、草の葉や、くさった木ぎれなどが、ごちゃごちゃはいっていましたが、でもところどころ、白いものがきらきら光っています。それは、ふというなぎの腹や、大きなきすの腹でした。兵十は、びくの中へ、そのうなぎやきすを、ごみと一しよにぶちこみました。そして、また、袋の口をしばって、水の中へ入れました。

⑨兵十はそれから、びくをもって川から上りびくを土手においといて、何をさがしにか、川上の方へかけていきました。

⑩兵十がいなくなると、ごんは、ぴょいと草の中からとび出して、びくのそばへかけつけました。ちょいと、いたずらがしたくなったのです。ごんはびくの中の魚をつかみ出しては、はりきり網のかかっているところより下手の川の中を目がけて、ぽんぽんなげこみました。どの魚も、「とぼん」と音を立てなが

ら、にごった水の中へもぐりこみました。
⑪一ばんしまいに、太いうなぎをつかみにかかりましたが、何しろぬるぬるとすべりぬけるので、手ではつかめません。ごんはじれったくなって、頭をびくの中につっこんで、うなぎの頭を口にくわえました。うなぎは、キュッと言ってごんの首へまきつきました。そのとたんに兵十が、向うから、「うわあぬすっと狐め」と、どなりたてました。ごんは、びっくりしてとびあがりました。うなぎをふりすててにげようとしましたが、うなぎは、ごんの首にまきついたままはなれません。ごんはそのまま横っとびにとび出して一しょうけんめいに、にげていきました。
⑫ほら穴の近くの、はんの木の下でふりかえって見ましたが、兵十は追っかけては来ませんでした。
⑬ごんは、ほっとして、うなぎの頭をかみくだき、やっとはずして穴のそとの、草の葉の上にのせておきました。[二六]

＊この勉強会は、Kさんのレポート発表から始まった。（対象範囲は小段落番号①から⑬）

徳川埋蔵金方式調べ方

平田：Kさんは、とっても真面目にたくさんのことを調べてくれています。しかし、たくさん

二六　インターネット上の青空文庫より転用し小段落番号を付記した。　https://www.aozora.gr.jp

調べれば調べるほど、わからなくなってしまっている。こういうことは、よくあることです。短い詩であろうと物語であろうと、一番問題なのは何かというと、ここは怪しいなとか、ここは変わったなとか、つまりここで転換しているなというところ、中心人物・話者の見方や内面が変わっているなとか転換しているなというところに目をつけて、その周辺をまず調べましょう。調べる場所が問題なのです。それをしないでいきなり最初から全部調べていくと、調べれば調べるほどわからなくなって、結局、肝心なことを無視するような結果になる。自分がなんとなく目にはいるものだけを、手あたり次第どんどん調べる。これは私に言わせると、徳川埋蔵金方式です。

女優樋口可南子の夫の糸井重里が、たいそう入れ込んで、テレビ番組で徳川埋蔵金の番組をよくやっていました。ここに埋もれているなと当たりを付けたら、手で掘るどころか重機まで持って来て地面を掘りかえしていく。もちろん、そこからは何も出ない。そういうことを、二時間ぐらいずっとやるんです。番組用に編集して二時間だから、実際には何週間もやっているわけ。結局出ない。そういうやり方を、徳川埋蔵金方式と言う。自分がここだなと思ったら、そこのところを掘っていって何も出ない。あるいは、このごろでは政治評論でもよく出てくる「やってる感」というやつです。自分はいかにも教材解釈を一所懸命やっているという「やってる感」だけを出してもだめなんだ。

結局何が問題かというと、どういうところに疑問を感じたりおかしいなと思うか。何かありそうだなという臭いを嗅ぎつけておいてから言葉を調べて、へえ、この言葉にはこんな意味があるのかと思えるような調べ方。調べても調べても、ちっとも新しい発見がないのなら、やってる感を出しているだけの徳川埋蔵金方式なってしまう。結局なにも出てこない。やってる感だけを出すのではなくて、まず手はじめに疑問を持つということが大切です。

疑問をみつけよう

それでは、自分がちょっと変だなとかおかしいなと疑問に思うことや、ここにはこういうことあるんじゃないかと発見したことがあったりしたら、発表してください。練習の時間です。どんどん思い付きを言ってください。事前学習している人はそれを言ってください。まず小段落番号3のところまで、Oさん話してください。

O：茂平というおじいさんに聞いた話だというところからスタートして、ごんぎつねと呼ばれているきつねがいて、ごんぎつねは小ぎつねで、小さいきつねでしだのいっぱいしげった森の中で穴を掘って一人で住んでいる。で、夜でも昼でもいたずらばかりやってくるという村の人に知られていたごんがある秋・・・

平田：ちょっと待って、それって、なぞって言っただけですね。3のところまで書いてあることはどういうことですか。Oさんが、どれぐらい読み取っているのかテストの意味もありますから。O：あらすじを言ったらいいのかと思っていました。ふつうだったら、きつねに「ごん」

という名前をつけない。それが「ごんぎつね」という名前がついている。中山という村、特定された村に「ごん」というきつねがいて、ごんというのは、ひとりぼっちの小ぎつね。小さいきつねで、でもみんな存在を知っていて、存在を知っている小ぎつねが、どういう状態にあるかというと、しだのしげった森の中と書いているので、ものすごく暗いところにひとりぼっちでいる。異常性というか、ふつうじゃないというところにいる。夜でも昼でも、きつねは夜行性なのに、夜でも昼でも、わざわざそんな離れたところから村にやってきていたずらをする。そのいたずらも私達が知っているようないたずらではなくて、いもをほりちらすとかなたねがらに火をつけるとか、生きていくことに関わるようなことをわざわざやっていって、村の人達を困らせることをしているようなごん。それがふつうじゃない。

中心人物の行動課題

平田：わかりました。通常、物語の最初のところには何が書いてあるかというと、中心人物の人物像が書かれてある。こういう人です、何歳ぐらいだとか、どういう謂れの人かとかいうようなこと。一番注目しなければいけないのは、言動。言は言うこと、動は行動。言動に注目して、ごんという特殊な存在の特殊な生き方をしている中心人物が、どういう課題を持って登場しているかを見る。中心人物が持っている課題は、いったいどういうものなのかが、物語の最初のところに書いているはず。そういうことで読んでいくと、小段落番号1から3のところまでは、ざっくり言うと、ごんというこんな変わったきつねがいる。どんなふうに変わっているかというと、他の人との関係性もこんなに変わっているし、住んでいるのもこんなに変なところだ。そしてやっていることはこんな変なことだ。つまりそういうような、非常に特殊な他の人とは違うような生き方や課題を持った人がいましたよ、ということが書いてある。本当はその課題をもっときちんと言えるようにしておく必要があるのですが、今はそれ以上詳しくはやりません。それで、いよいよ4から行動を開始していく。④から見ていくことにしましょう。

〈変だ・おかしい〉をみつける

小段落④は二行しかないけれども、この二行でなにかある人は出してください。Nさん、何かないですか。

N：いつもだったら、なたねがらをむしりとったりしていたんだけれど。二、三日雨が降り続いていたのでできなかった、というのがわかります。

平田：それだと、書かれていることを、違う日本語に訳しただけですよね。そうじゃなくて、これは二つの文章からできている、「ある秋のことでした」が一つの文で、まずこの中で、何か〈変だ・おかしい〉という疑問があるか、あるいはあなたが独自に発見したことがあるか。今のだと、独自に発見したことではないですね、違う日本語で言ったということだから。もう一回言ってみてください。

N：ある秋、二、三日雨が降り続いている間、ううんと、どこにも出られないで・・・。
平田：ちょっと考えておいてください。では、Iさんはどうですか。
I：ある秋のことでした。秋というと秋晴れだったりするのに、いきなり雨降り。なにか次にくることを感じさせるようなある秋なんかな。二、三日降り続いたその間、そこにおられないほどのというのはすごい雨なんだろうな。ふつうは動物は雨であろうがなんであろうが、山の中にエサを取りに行けそうなものなのに。出られないということを説明するために、すごい雨ということを言っているのかな。雨の中で思わずしゃがみこんでしまうほどひどい雨で、水が増えそうなぐらいの。なんかあやしい気がするなと読みました。

〈変だ〉をみつける

平田：〈変だ・おかしい〉という疑問を出していくときに、二つの角度がある。一つは日本語の使い方として〈変だ〉ということ。自分にとって目新しいということです。もう一つは、中心人物の言動が〈おかしい〉というもの。今も、この二つの面を言っているようだけれど、一つ目としてはどういうことかと言うと・・・。
I：秋というのはもうちょっと晴れている。なのに、ある秋のことでしたと出しながら、らしくない。ある秋としているところです。
平田：あなたは非常に惜しいんだけど、秋の方に着目してしまっているけれど、問題は「ある」

という言葉の方です。あるときとかある日とかある秋とかと書いてあったら、さあこれから何か事件が起きるぞ、という意味です。物語って、そうでしょう。自分が書く時もそうだけど、「ある日」のことでと出てきたら、なにかいよいよ起きるよということ。「秋」の方が問題ではなくて、「ある」の方が問題なんだよ。「ある」の方に着目してください。「ある秋」と言うんだから、「ある」ときたら、何か出てくるなと読んでいかないといけないと思います。これから文章を読んでいくときには、「ある日のことでした」とよく出てくるけど、これから事件が起きますよという意味なんです。そういうふうに目を付けていかないといけない。

言動からみつける

S：ぼくは「ある」というところもそうなんだけど、「しゃがんでいました」というところがちょっと、「あなの中にいました」でもいいのかな。そこのところを「しゃがんで」というところが、なにかひっかかるところがあります。1から3で述べられていたごんですらしゃがまずにはおられなかった、というところなんですけど。

平田：あなたはいい感覚を持っていると思うんだけど、『しゃがんでいる』というのは不自然な行動ですね。普通だったら二、三日雨が降り続いていたら、どうしてるのか。普通だったらねそべっていましたとか、横たわっていましたというのが普通なのに、しゃがんでいました。いかにも変、それをあなたはざっくりと解決しちゃっているわけだけど、不自然に思いますよね。

S：そうですね。ひっかかりはしますね。外へも出られなくて、なんでしゃがんでいたのか。

平田：私も今コロナの関係で、部屋の中で過ごすことが多いんだけど、しゃがんでばかりじゃまずい。スクワッドをしたり動いたりとかしている。二、三日あなの中にしゃがんでいるということはどういうことかしら。その変だ感を、もっと膨らませないといけない。そこもっと膨らませてみてください。

S：そうですね。さきほどおしゃってたみたいに、出てもいいし、それこそわざわざしゃがむというのは。しゃがんでいたというところが何か、いつも村のあたりに出ていったように、何かをしたいという思いがごんの中にあったのかなと思います。

I：雨が止んだら、いつでも行けそう。ばたっと寝てない感じ。

平田：準備態勢ができているということですね。

I：そんな意味と同時に、じっとできないぐらい、ゆっくりと安心して寝られないぐらいの雨の、うすぐらいところに住んでいたので、怖さとか人恋しいとか、ひとりでじっとするのも、怖い感じがする。二つあるのかな。止んだらすぐ飛び出す気持ちと、ひとりで怖いということを、しゃがむで表しているかなと思いました。

平田：ちょっと外へも出られないぐらい降り続く雨だったんだよね。異常な状態だと思う。そして、出られなくて穴の中にしゃがんでいました。こういうところを、なんかおかしいなと思うかどうか。それに気づくかどうか。私はその前の関連で言うと、穴の大きさも問題だと思っているんだけど・・・。じゃあ、皆さんから何の反応もないので次へ行きますね。今度はね、雨があがるというところから。今度Nさん Tさん、何があるかな。
T：ほっとしてと書いてあるので、前まではとても心配、緊張していた状態。やっと安心して、その後がきれいに晴れているので、ああ、よかったなという気持ちが出ているのかな。
平田：ほっとしたということは、そういうことなんですね。
T：ああ、はい。
平田：そう自分が思ったときには、ある意味だれでもそう考えるのであって、他の考え方はないのかなとそう思わないと。あるいは、「はい出ました」という言葉の響きから、どういうふうに考えるか。一般的にまとめてしまった言い方で終わっちゃってないだろうか。普通の人はそうなんだけど、私はそこでもう一歩進んで、ちょっとこれはわからないなとならないか。
T：ちょっと考えます。
I：さっき平田先生が言われた、穴の大きさ。はい出る、さっと出られる穴ではない。狭いんやな、それではっとしたと思いました。
平田：もうちょっとごんの不自然行動に目を向けてもらいたいなと思うんですけど、ごんが住んでいる穴というのは、自然にあった穴ではなくて、穴をほって住んでいましたと書いてあるでしょ。自分で穴をほったんです。どういう森の中かというと、しだのいっぱいしげった森。しだがいっぱいしげるということは、日が燦燦と照るような暮らしやすいところでは全くないわけ。むしろ、うっそうとしたじめじめした、しだというのは湿気のあるところを好む植物だから、しだがいっぱいしげったところに穴をほっていたわけ。その前のところを読むと、「ごんはひとりぼっちの小ぎつねで」と書いてある。ここのところの一文をどう読むかによって、すごく考え方は変わる。ふつうだと日の当たる住みやすい場所があって、そこにたまたま穴があって、これはちょうど住処にするにはいいなと住んでいるわけではなくて、しだのいっぱい茂った森の中に穴をほって一人で住んでいる。これはとんでもないことなんですね。それから、「ひとりぼっち」と「ひとり」はどう違うか。これもやらないといけないことで、そういう解説をさきほどOさんにしてもらいたいなと思っていたんだけど・・・。

穴の中にしゃがんでいたわけだ、三日間もだよ。すごいことだと思う。とんでもないことだと思う。しゃがんでいるということは。そして、雨があがるとほっとした。なぜ「ほっと」したのか。こんな雨が降ったけれど、堤防が崩れなくてよかったなとか、台風の災害がなくてよかったなとか、いったいどういうことでほっとして這い出たのか。また後で何か発見した人は言ってください。

中心人物の言動から

次の⑥のところ行きますね。⑥は今までに比べるとちょっと長い。Sさん読んでみて。

Ｓ（音読）：ごんは、村の小川の堤まで出て来ました。あたりの、すすきの穂には、まだ雨のしずくが光っていました。川は、いつもは水が少いのですが、三日もの雨で、水が、どっとましていました。ただのときは水につかることのない、川べりのすすきや、萩の株が、黄いろくにごった水に横だおしになって、もまれています。ごんは川下の方へと、ぬかるみみちを歩いていきました。

ここで何かある人は出してください。まず一文ずついこうか。「ごんは、村の小川の堤まで出て来ました。」これが〈変だ・おかしい〉という人はいないかな。

Ｙ：はい単純に、なぜここに来たのかというのが疑問に思います。

平田：もうちょっと言って。堤というのは小川の堤防ということだよ。

Ｙ：いたずらしたいという背景が色々書かれているわけですけど、それだとして、小川の堤というところに、何の意図といったらいいか何の予想があって出てきたのかというのが、非常に疑問に思います。

平田：しかも村の小川の堤。なんでそんなところに来たのか。ほっとして穴から這い出てその後にね、私なんかだと、腹すいてないのかと思うけどね。

Ｙ：そうなんです。

平田：でしょう。物を食べてたわけじゃないと考えるんだけど。普通そんなところに行くかしらね。こういういちいちの言動におかしいとか、異常な行動をしていると感じられるかどうかなんですよ。私はお腹すいているんじゃないかなと。だとすれば、普通はこんなことしない。何のために来たんだろうなと思う。ここで例えばね、お腹がすいたから堤のところに来れば何か食べ物あるか、ありつけるかなと思ったかもしれないと出たとします。そうすると、後でとったうなぎを食べないということと矛盾が出るわけだ。それはすごく大事なことなんですね。「村の」とあって、「小川の堤まで」来た。「まで」来たということは、そこが目的地なのかどうか。目的地、堤にやっとたどり着きましたでなくて、「まで」来ました。目的地はいったいどこなのか。その辺のことで何かある人いますか。

S：1から3のところまで含めて考えていたんですが。「ひとりぼっち」というのは、何か仲間とかも頼る人もいないというのがごんにとっては大きいのかなと思っていて。そこから「ほっとして」につながっていって、「ほっとして」穴から出て、頼る人とか仲間ではないですけど、それを探しに村のというか、というところまで。そうですね。村を目的地にして、だれか関係をつかめそうな人を探しにいこうとしているのかな。

平田：お腹がすいているはずのごんの欲求というものは、空腹ということを超えてしまってでも求める欲求なんだと。人に会いたいとか、誰かと関係を持ちたいとか、誰かと交流したいとか、そういうものが強くあったということが、ここににじみ出ているのかもしれない。二、三日ずっとしゃがんでいて、這い出してどこまできたかというと、すぐに餌をさがしにいくというのが普通だと思うんだけどどうもそうじゃない。ここですぐに解決しなくていいんだけど、こんなふうにごんの言動のいちいちに表れている異常性とか内面に持っている課題とかが、言動を丁寧に見ていくと、今まで何気なく読んでいたものが違うものに読めてくる。そういうことが、すごく大事なことですね。そこのところを、子どもと授業で深く追求していくかどうかは、解釈の次の段階のことであるんだけども、ただなんとなく村の堤まで来たんだなと読んでいてはいけないわけです。あなたが言うように、人との交流への欲求みたいなものが、「ひとりぼっち」という言葉との関係から考えてみると、ここで働いているのかもしれない。お腹がすいたということ以上に、ごんがいつも希求している根源的な欲求が、彼を突き動かしているかもしれないですね。そういう深い問題について、全部完全に解決できなくてもよいから、こんな具合に読んでいくことがよいと思います。それでは、今日はここまでで終わりましょう。

疑問を持つ練習

平田：前回の続きで、今日は小段落⑥からやりましょう。このペースでいっていつ終わるかわからないけど・・・。⑥のところ、Iさんに読んでみてください。

I：（音読）

平田：」ぬかるみみち」ですよ。ここ、子どももよく読み間違えるんだけど、ぬかるみのみちではなくてね。今日はここから始めていきましょう。ごんぎつねは主人公と言ってもいいし、中心人物と言ってもいい。この物語はごんを中心に展開していくわけだけれど、ごんが中心人物でなんら問題ないと思うんだけど。主題としては、ごんと兵十のやりとり、コミュニケーションと捉えることもあるだろうけれど、いずれにしても中心人物のごんが、何か活動や言動を行っていくわけです。活動していくときの、ごんの言動に対して〈変だ・おかしい〉という疑問をどれぐらい見つけ出すことができるかの練習をしていきます。だから、詩の解釈とちょっと違うかもしれないけれど、ごんの言動のおかしいなとか変だなという、そういうものをどれぐらい見つけることができるかという練習です。

今、Iさんが読んでくれたところで、ごんの言動で、例えば「こんなところになぜ萩の葉があったのか」ということは言わないようにする。「ぬかるみみち」と出てきたけれど、「この辺りは舗装されたのはいつごろか」とかは考えない。あくまでもごんの言動で、〈変だ・おかしい〉を見つける。見つかった人は発言してください。

O：雨がふっていて、あがった。ごんは、見つかりたくないと思いながら、見つかりたくないからこそ、しだのしげった森の中の穴に住んでいる。雨があがったからといって、わざわざ村の堤に出てきて、様子を見にきているというは変だなと思いました。

平田：いいね。様子を見にきていると言っているけど。何の様子を見にきているの。

O：小川。

平田：ごんは、河川を管轄している経済産業省の人ですか。まず、そこに来る場所がおかしい。ふつうだったら、どこに来るはず。

Ｏ：そもそも雨がすごい雨なので、小川のところに行くのは危険だというのは動物でもわかるはずなのに・・・。わざわざ危険なところへ、自ら行って、小川の堤までわざわざ出てくる。それはすごく変だし、そこで村の人はどうするのかと。

平田：今の意見についてどうですか。

Ｉ：二、三日穴の中にいたので、お腹もすいているだろうし、先に食べ物を探してもいいはずなのに、やっぱり村の方に近づいている。村の近くの小川まで来ているというところがＯさんと一緒で、不思議だなと思ったんです。やっぱり、ごんの気になる対象というのが、村の人だと思うので、そこに近づいていっているというのが気になりました。

平田：今、Ｉさんは〇さんと一緒だ言ったけど、違うんですよ。ＯさんとＩさんは決定的に違う。何が違っているのか。

Ｉ：お腹がすいているというところ。

平田：ううん、違うな。それはもちろんあるよね。つまり、この小川の堤が目的地なのか、そうではないのかということ。さっきの〇さんの口ぶりは一番危険な川の近くのところに行って、誰か人はいないかなということで出てきたと言っていたけど、Ｉさんはそこが目的地じゃなくて・・・。

Ｉ：村に近づきたい。

平田：小川は経由地なんですよね。

Ｉ：はい。

言葉を特定する

平田：どの言葉からわかるのか、それを言わないと。
Ｉ：小川の堤まで。
平田：その中の・・・
Ｉ：「まで」
平田：もうちょっと説明してみて。「まで」という言葉を発見してあれば、Ｏさんの意見を聞いたときにすぐに「おかしいですね」と言うはずです。不明確だったものだから、「同じです」と言ってしまった。目的地は村なんだけれど、たまたま堤まで来た。そこを通らざるを得ないものだから、そんな危険な場所へ行ったという、そういう捉え方と、大雨の後の川みたいな危険なところにわざわざ行くのはどうしてなのか、そこが目的地となるのというのでは全然違うわけ。簡単に同じと言ってしまわないで、自分と違うところを探して言わないといけない。もう一回発言してみてください。
Ｉ：「村の小川の堤に」きましたではなく、「小川の堤まで出てきました」だから、目的地は本当は村の人達を気にしているので、村の方に近づきたいという気持ちがあると読み取りました。とりあえず危険を顧みず、村が見える小川まで出てきたと感じました。

平田：それで、さっきのお腹がすいていたということをつないでみると・・・。
I：ごんは、一人で寂しく森の中に暮らしているのだけど、基本的には村にすぐ行ける近いところに住んでいる一匹のきつねなので、村に行くことによって、食べ物も得られることもあるけれど、村になんらかの、危険をおかしてまでも行くというのがあったので、村に対する、村の人達に対する気持ちというのは、大きいのではないかと思って、それが「堤まで」という言葉にも出ているのではないかと思いました。
平田：「まで」の発見はいつしたの。
I：前回の勉強会で、雨が上がったときになぜ堤まできたんだろうという勉強をしたと思います。そのときに軽く触れただけだと思うんです。その後に「まで」という言葉で、村の人に対するということだったかと。
平田：さっきのOさんの発言からすると、明確に「まで」というを発見はしてなかったみたいですね。Oさん、「まで」は着目していましたか。
O：「まで」は着目してなかったです。「まで」は目的地だと思っていました。
平田：つまり、川の様子を見にきた、ということでいいのかな。
O：村の小川の堤まで行ったら・・・。

発見した言葉をつなげて

平田：Oさんが「まで」を根拠にしたのなら、「ごんは川下の方へと、ぬかるみみちを歩いていきました。」という文と矛盾するんじゃないですか。

O：目的地が堤「まで」なら、そこから穴へ帰らないといけなくなりますね。

平田：そうです。そんなふうに発見した言葉と前後の文をつないで考えながら読んでいくと、自分の矛盾に気づけるかもしれませんね。堤が目的地であれば、川下の方へと行くのはおかしいし、道の状態もぬかるみ道で、そんなどろどろの歩きにくい道を、わざわざなぜ行かなくてはいけないかというと、行きたいところはその向こうにあった。そうしたごんの内面が見えてきますね。こんなふうにして、発見していくことが大事です。この「まで」と、「川下ほうへ」の「へ」を発見していた人はどれぐらいいますか。もうひとつ、Iさんの発言で気になったのは、ごんが村で食料調達していたということを言ったので驚いたんだけれど、そういうことでいいのかな。

I：食料調達というよりは、関わりたいという気持ちの方が強いと。

平田：さっきは、「食べ物もあるし」ということも言っていましたよ。

I：関わりのほうです。

平田：それはどっからわかるの。

I：3段落の「そして、夜でも昼でも、あたりの村へ出てきて、いたずらばかりしました。」

平田：その中で・・・。

Ｉ：「いたずらばかり」

平田：「いたずらばかり」のところをこの前勉強してあったのに、食料も手に入れたいというようなことをちょっと言ったのでひっかかったわけです。そういう捉え方では、ここの意味がなくなってしまう。そういうことに敏感になってないとだめだと思います。ごんは、食べ物をなんとかしようとして、村に来ているなどということはないわけ。だから、芋を掘り散らかしても全然手をつけないままなのでしょう。

Ｉ：食べてないですね。

平田：掘り散らかすことに目的があるのですよね。自分で暖をとるために菜種がらに火をつけているわけじゃない。その後に書いてある「いろんなことをした」の中の「いろんな」は、「いたずらばかり」なんだ。それに、夜にならわかるけれど、昼までもきつねが村に行くというのは異常すぎるということもわかる。ここのところを対応させていくと、今の「堤まで」のこともわかってくるかもしれませんね。次は、⑦のところ。

⑦ふと見ると、川の中に人がいて、何かやっています。ごんは、見つからないように、そうっと草の深いところへ歩きよって、そこからじっとのぞいてみました。

情景と内面

I：すみません。さっきのところ。6のところで、二行目に「まだ雨のしずくが光っていました。」のところ。まだ光っているということは、雨がやんで、すぐの状態。危険もあるのに、それでもまだ光っているような、水滴がついている状態でも行く。ここにも、ごんの気持ちがちょっと出ているると思いました。

平田：今の捉え方はとても大事で、雨のしずくが光っていました。「どんなふうに光っていたのかな」と様子を思い浮かべさせて、きれいだろうなとかきらきらしていたかなというような角度ではなくて、ごんの内面の課題の方から捉えていく。読みの角度をつけていくことが大事ですね。そうじゃないと単なる風景になってしまう。ここは、風景ではなくて情景です。今みたいな捉え方はいいと思います。他にもあったらどうぞ。

O：「川はいつも水が少ないのですが」とあるので、「いつも」ということは村の様子をよくわかっているし、川の様子もごんは把握をしている。そんな中でも、わざわざ川下の方へとぬかるみ道を歩いて行くことは、目的をかなりはっきり持っていて、雨の後の危険なことは知っていながら、でも行きたい気持ちがある、というように読めると思う。

N：「萩の株が、黄いろくにごった水に横だおしになって、もまれています。」もまれているので、大きな力ではげしく揺れ動かされているので、すごい歩きにくい道なのにわざわざ行っているので、ごんは、普通だったら行かないのになと思いました。

平田：ここはちょっと危険だから違う道にしようとか、行く道だったら他にもあったかもしれないのに、ここが一番の近道だったのかしらね。その不自然さだよね。この情景に表れている危険な状態、いつもとは全く違う、歩きなれている道ということもあるかもしれないし・・・。よくよく知っている道であり、よくよく知っている川の様子なんだけれども、今日はそれが全く違う。

O：⑦段落のところで。「ふと見ると、川の中に人がいて、何かやっています。ごんは、見つからないように、そうっと草の深いところへ歩きよって、そこからじっとのぞいてみました。」そうやって進んで行ってふと見るとで、人がいることに気がついて、見つからないように人間に見つからないようにしながらも、そこをのぞくというのが・・・。

平田：なるほど、ちょっとここはやばいから止めようなではない。見つからないようにしてのぞいてしまう。その調子でどうぞ。

T：今のところで、見つかったら危険だということもあるのに、じっと見つめるだけじゃなくて、歩きよって、というのがさらに近づいているのがわかります。危険なほうへでも寄って行った。

言葉の中味を

平田：そうっと草の深いところへ歩きよって・・・、不自然以外のなにものでもないよね。そこから、「じっと」ということはどういうことか。
T：ずうっとというか・・・。
平田：そうそう、「じっと」というのは、目を動かさないで注目するという言葉だね。見つめるということだね。そして・・・。
Y：「ふと」と書いているので、多分ごんも人なんかいないなとあきらめていたのに、見ると川の中に人がいて、驚いたからさっきのような、おかしな行動をとった。
平田：「人がいて、何かやっています」と書いているよね。じっとのぞく目的は何だろう。
Y：何をやっているか見るため。
平田：ああ、なるほどね。他のことでもいいので言える人いますか。
O：今のYさんのにつなげて、のぞくということは把握しておきたい、知っておきたいと。ごんは、人がいるのなら逃げたらいいけど、何をしているのか歩き寄ってわざわざのぞくということは、知りたいという、まだ言葉とか調べられていないけれど、「のぞく」という言葉の意味は、そういう意味があるのかなと思う。知っておきたい、自分は村のことをちゃんと把握して、だからこそ関わりを持ちたいと、いたずらばかりというところとつながっているのではないかな。
平田：何を知りたいか。「のぞく」ときの「じっと」だから注視するということなんだけれど、その時の目的意識はなんでしょう。何を知りたいのか。Oさんは、何もかも知りたいということですか。
O：その次の⑧段落で「兵十だな。」とあります。だれが何をしているのかを知りたい。
平田：ふつうでいくと、「なにかやっています」だから、のぞくときの目的意識は、「何をやっているのかな」なんだよね。Yさんが言ってくれたように、それに対する答えが「兵十だな」ではおかしいでしょう。「何をやっているのかな」が問いなのに、それなのに、そこからじっとのぞいてみて、「兵十だな」とごんは思いましたとなっているから、これはおかしいですよね。そうするとごんが根本的に知りたいと思っているのは、いったい何なのか。人間達がやっている生業の様を見たいという欲求ではなくて、いったい誰がやっているのかという問題だというわけです。すごく重要な課題なんだけれども、おかしいと思った人は他にいますか。
N：なぜ名前を知っているのかな、と思いました。
平田：それだけで終わっちゃわないで・・・。おかしいよね。逆に言うとすごいことだと思う。村の人が何人いるか知らないけれど、何十人か百人くらいか、兵十だなというところがすごいところだね。ものすごいことだと思う。
N：名前を知っているのはすごい。
平田：しかもこれ、いつもと違う格好だよね。違う格好で非日常的な行動をしている。それを真正面から見ているかというとそうでもない。ちょっと違う角度がから見ている。「はちまきをした顔」とあるから顔の特徴も見たわけだね。そうするとそのとたんに、「兵十だな」と名前を言うところがすごいよね。ごんは、村の人達についての情報をどれぐらい持っているのだろうか。ここでやりたいことはそういうことなんです。

N：よく知っている。

平田：よく知っているよね。顔の横に葉っぱがついている顔を見て、そのときに兵十だなと思っているのがすごいことですね。よく名前知っているね、たまたまかな。

N：たまたまではなくて、いたずらばかりしていたときに知った。

S：かなり村の人のことを知っていると思っていて、「兵十だな」と「だな」というところが断定しているような感じがします。あとは先生もおしゃっていたように、顔の横っちょとかを見たり横から見ているのに、断定しているところにも、村の人の情報とかも知っていて、その中で特定できたのかなと思います。

語彙を決め出す

平田：断定と言ってくれたのは、どの言葉ですか。

S：「兵十だな」の「だな」と思います。

平田：「だな」というのは、辞書をひくと出てくる言葉かな。

S：確定と言ったらいいですかね。

平田：辞書をひくときに「だな」と調べるのか。

S：辞書ひくときは、「だ」ですかね。

平田：「だな」というのは、「だ」と「な」からできている言葉で、「だよ」になったりして、「な」の部分は変化するわけだから、「だ」ですよね。「だ」があなたの言っている断定と言っているときの根拠になっているわけ。そういうことを、自分で認識しておく必要がある。断定ではなく推量だったら・・・。

S：兵十だろうな。

平田：あるいは、「兵十かな」。「兵十かな」だったらわかる気がするね。「兵十だろう」でもわかる気がするのに、そういうふうに関連した違う言葉に置き換えてみると、ここではっきりと誰かわかっているということが理解できる。「兵十だな」「兵十かな」「兵十だろう」「兵十にちがいない」などと。ここでそういうことをやっておくと、後で「ちがいない」という表現が出てくるときに布石にもなる。「兵十だな」と言っていることの異常性がわかってきましたね。

想像から言葉へ

ところで、村にはどのくらいの人数の人がいると思うか。Nさん、全くの想像でかまわないんだけど。

N：そんな大きな村でなさそう。住んでいる村の人達が、名前を呼び合っているぐらいのそういう小さな村なのかと思います。

平田：何人くらいかな。
N：三十人ぐらい。
平田：三十人の中には、どんな人達がいるかな、想像で。
N：想像で、百姓の人がいたり、商売している人がいたり・・・。
平田：三十人の村なら、商売なりたたないかもしれないけど。
N：お互いに名前を呼び合っているので・・・。
平田：村にはじいさん、ばあさんもいるわけ。働いている人もいる。兵十ぐらいの年の人もいるし。あるいは十代の人もいれば、昔学校があったかどうかわからないけど、寺子屋に通っている人もいるし。赤ん坊もいるかもしれない。そういうようなことを、ごんは、どの程度知っているのでしょうね。
私が今、何を引き出そうとしているかというと、「兵十だな」が出て、予想でも推量でもなく「だな」と断定しているということの意味。そのすごさとか異常性をもっと拡大したいと思っているからです。そのことは後で、「死んだのは兵十のおっかあだ。」というところにつながってくる。あるいは、「おれと同じ一人ぼっちの兵十か」というときの、前提の前提を作っていくためにやっているわけです。ここで、「兵十だな」と断定的にわかってしまうことのすごみというのを拡大しておきたいわけです。
この村が三十人か百人かなどと想像していく中で、そこに住んでいる人達、じいさんからばあさん、農業や商業で働いている人、子どもから大人まで、老若男女全部含めて村人なんですね。そういう中から、「人がいて」というそのときに、川の中で、いつもやらないような魚採りを誰かがしている。その張り切り網をゆすぶっている様子をちょっと見ただけで、「兵十だな」と断定するのはすごいことなんだ。もっと想像すると、ごんは村人一人ひとりの名前を全部知っていて、誰の家にはだれがいる、だれとだれがどういう兄弟か、この家にはだれが生まれた、どこの家にはだれが住んでいる、そういうことを全部掌握している。「のぞいている」とか「あゆみよっていく」という行動を根拠にして、「兵十だな」と限定してはっきりと言い切っていることが、いかにとんでもないことなのかを、きちんと読みとっておきたいと思う。それによって、「おれと同じ一人ぼっちの兵十か」の重みも出てくる。それから、「ははん、死んだのおっかあだ」と判断するすごさも見えてくる。

だから、その後の文とのつながりを考えながら、ここは大事だなと思うようなところに疑問を持っていきたい。やみくもに、〈変だ・おかしい〉を出すのではなくて、その後の言動の、より〈変だ・おかしい〉につながっていくようなことに着目して、布石や前提として拡大しておくことがよいだろうと思います。

人物の視点から

Ｉ：⑦のところで、「はちまきをした顔の横っちょうに、まるい萩の葉が一まい、大きなほくろみたいにへばりついていました。」の「へばりついていました」というところが、ちょっと異常な感じ。とろうとする様子もなく、へばりつき方も「大きなほくろみたいに」と書いているところに、不安なというか先が悪くなる感じがする予感がするような表現になっている。

平田：兵十が一心不乱に、こんなところでやっている異常さが出ていますよね。雨があがったすぐの時でしょう。そんなときに、とんでもない川の状況があり、その川にわざわざ入ってそんなことやっている異常さを、ごんは、こんなときに変なことやっているなという言葉としては言ってないけど、心理的に捉えているということをやっておくことはとても大事でしょう。それが後で、穴の中での想像のところにつながっていく。「きっと兵十におっかあは、・・・」というように想像するところ、あそこにつながってくる。兵十がやっていることの異常さの背景。確かに増水した後というのは魚がとりやすいんだけど、あなたが言ったように働き方がね、「葉っぱがへばりついている」そんなことに目もくれずに一心不乱にやっている。ふつうとは違うなということを、ごんの視点から拡大しておくことは大事ですね。そんなふうに、ごんの行動課題、ごんの心情というものに沿って、その部分を拡大していくことが大事なんだと思います。見えている情景を、ごんがどう受けとっているのかを想像できるところまで持っていきたい。

今は教材解釈の練習をやってきているんだけれども、拡大しておかないといけないことと、そんな細かいところまでやらないでもいいなということはあるわけ。実際にどういう授業をやるかによって、どの言葉を取捨選択するかということもある。だからこういう調子でずっと細かくやっていくと、嫌になってしまいますよね。これはまあ、授業そのものではないですけど。こういう練習をしていく中で、取捨選択をして、どこをやるかも考えていってください。大事なのは、ごんの言動という角度から読むこと。ごんがどういう行動の課題を持っているかという角度から読んでいくと、いろんなことが見えてくることです。

ライブE・講話と演習——授業実践へのコメント——

教材：ニャーゴ　（宮西達也）

授業者・M教諭（小二担任・大坂）　F：参会者

＊レポートを提示しながら、Mさんが授業の実践報告をした。

M：授業をしていて、気になったことやおかしなことを、私以上に子ども達は見つけるようになったと思いました。授業で素直に伝えてくれる。でも、それを活かせてないなという感覚があった。この『ニャーゴ』では、それをもとに授業できそうだなと思ったところで、平田先生に相談しました。レポートの途中を送ってそれから実践しました。

展開の核にしたいなと思ったのは、「猫は大きなためいきを一つつきました」。どうしてかというと・・・猫とねずみという食う食われるという関係性が変わってしまう。猫という存在を知らないねずみに出会って、ねずみが猫だとは気づかず、ずっと楽しくいくという物語。それは食う食われるという関係性が変わってしまうこと。猫はなぜ本能にしたがってねずみを食べるという選択をしないで、食べないということを選んで、最後には見送るという場面。そこで猫が大きく変わった。「変だな・おかしい」という部分、猫が大きく変わって部分ということで、「ためいきを一つつきました」というところを選びました。

ふつうは猫がためいきという言葉を言えば、失望だったり心配だったり、実はこの言葉には感動するという意味もあって、だからこそ、猫はねずみを食べるものと思っていたものを、ねずみは「おじさん、だあれ」と言って、猫として見てない。自分のことをそう見ない人に出会い、自分自身の生き方、そういうところが変わってしまった。人生観が変わった。このためいきということで、表しているんじゃないかなと。だからこそ、最後のニャーゴという言葉につながっていくんだなと。

この題名もニャーゴになっているんですが、子ネズミには「ニャーゴ」という意味がわからなかったので、言葉が通じなくても相手のことを知りたい、関心さえあればわかりあえる。ニャーゴは四回言っている。ニャーゴという言葉にも意味があって、その部分も追求して授業をしていきたいと思っていました。

実際に授業をしていく中で、この授業をなぜ深くやってみようかと思ったのは、最初はあらすじをつかませる程度で、どう思ったかと聞いたりしてあらすじだけをつかんで終わり、音読して終わりぐらいの軽い感じでいこうと思っていた。すると、一人の子が「話を聞かなかった三人の子ねずみが気になります。猫はどきっとしたと書いてあるけど、なぜそこがどきっとするのかが気になります。話し合いたいです。」と言ったもので、ここをつかまないと、せっかくのやる気を奪ってしまうなと思いました。教師としては、初めはあらすじぐらいわかってくれたらいいのにと思っていたのをちょっと変えました。そうしたら、子ども達は思っていたよりも考えていて、その様子がレポートの記録のところにあります。
平田：「どきっとしました。」のところを、Mさんはどう考えていたの。
M：「猫はどきっとしました」のところだったんだと。私はそれよりも、もうちょっとあとの部分の話を聞いていたら、大事なところ捉えてなかった。でも子どもの方が大事なのではないかと思っていたので、ただ単に猫はどきっとしたんだと。でも、子どもの話を聞いていたら、私がやりたいところと関わってくるし、その前に「おじさん、だあれ。」という言葉を聞いて、猫はどきっとしているんだし、子どもの発言を聞いていて、ここすごく核になる大事なところではないかと思い知らされました。
平田：私がもし自分の授業として取り上げるのなら、まさにここなんです。
M：そうなんですか。
平田：「どきっと」したというところを解釈してみましょう。その前のところで「たま」が登場しますが、さきほどMさんは何気なく「食う食われるの関係」だと言っていましたね。しかし、たまはここで三匹のねずみを食べようと思って登場してるのか。
M：ねこが手をふりあげて立っていました。驚かせるつもり・・・。
平田：食べる気だったら、本当に食べようと思うのなら、わざわざ自分がいることを見せておいて、驚かせとおいてからというのでは、捕まえ方としては最低ですよね。だから、「食う食われる」関係というのは、あなたが持っている概念的な読みなんですよ。捕って食うつもりだったら、こんなことをしないでしょう。
　この物語で登場するのは、たまという猫、三匹のねずみ、ねずみ学校の先生や生徒。大きく三つに分類できる。Mさんとか、私達のような普通の人はどの類に入るわけ。たまに一番近いか、三匹のねずみに近いか、ねずみ学校の人達に近いか。
M：ねずみ学校の人。
平田：一般人、一般人のものの見方というものを、ねずみ学校の先生や生徒が象徴している。三匹のねずみは、スイミーと同じなんです。社会における芸術家の立場ということ。彼らには、最初から、社会的通念とか文化に基づく思い込みとか、そういうものがなにもない。学校というものに象徴されるような、一般的に概念化された物の見方というものがない。また、題名の『ニャーゴ』なんだけど、「ニャーゴ」というと、日本人はだれでも猫のなき声だと思う。猫をイメージする。それでは、ロシア人でもどこの国もいいんだけど、「ニャーゴ」で言われたら、猫だってすぐわかるのか。南アフリカに住んでいたら、「ニャーゴ」と言われてすぐに猫だとわかるのか。どうして、「ニャーゴ」と言ったら猫だとわかるのか。
M：「ニャーゴ」って、日本語で鳴いていると思うからですね。
平田：そうですね。それは、日本人が日本文化の中で日本語を使っているという一つの枠組みにおいて成立していることなんですよね。私達は、そういうふうに物事を見ている。だけれども、それが三匹のねずみにはない。ニュートラルな状態です。そういう人から見ると、枠組みとか刷り込みとかがないから、既成概念とか暗黙の前提とかがないから、彼らは猫に出会ったときになんて言ったかというと・・・。
M：おじさんだあれ、と。
平田：それに対して、猫が「びっくりした」ということはどういうことか。
M：どきっとした・・・
平田：「どきっとした」のところが、教師用教科書の註ではどう書いているかというと・・・。
M：「とまどっている」と書いています。
平田：想定外の反応に戸惑っている。では、想定外の反応ってどういう意味かな。
M：おじさんだあれと言われないと思っていて、今までの経験上「キャー」と言って逃げられると。そういう経験とは違う。実は、授業が終わってから参観してくれたサークルのメンバーと話をしたりして、子どもの発言を考え直してみると「おじさんだあれ。」というその言葉に、猫はやっぱりどきっとしたんだなと。
平田：特にどの言葉かな。
M：授業では「だあれ」を突き詰めて授業をしたんですけれど、「おじさん」のほうをやった後からなりました。「おじさん」という言葉が、やっぱり猫のたまにとったら、すごいどきっとする言葉で、そのあとも「おじさんだあれ」とか「たまおじさん」か言っているし、たまは自分のことを猫と認識されてないで、「おじさん」という言葉の方にどきっとしたのかなと今は思っています。それなのに授業では、「だあれ」で進めちゃったな。
平田：実はわたしは、「どきっとした」のは「おじさん」よりも「だあれ」と聞かれたからだと考えます。というのは、例えばMさんが全く行ったことのない学校に行って、いきなりどこかの教室に入って行ったとする。すると、子ども達が、あなたなら「おばさん」でいいのかな。
M：いやですけど。
平田：「おばさん、だあれ。」と言われたとする。なんて答える。
M：「私は、○○小学校の○○です。」と自己紹介します。
平田：今、二つの要素を言ったよね。何を言ったかな。
M：私は。
平田：私は主語。
M：○○小学校。
平田：誰という答えを二つの要素で言ったよね。
M：所属。
平田：どこの類に属しているか。ねずみ属とかなんとか肩書みたいなもの、所属しているものが、誰と問われたときに答える。もう一つは何。
M：名前。
平田：奇しくも今あなたが言ったように、聞かれたたまの反応は、「だれって、だれって、・・・

たまだ。」この「・・・」のときのたまの頭の中では、どういうことが行われていたか。
M：だれってだれ。そんなの猫でしょう。あたり前でしょ。だれって、この子は何もしらないのかなと、そんなふうにめぐりめぐっていたのかなと考えていました。
平田：その後に答えているのが、「たまだ。」となっているから、頭の中にすぐに自分の名前のたまだというものが浮かんで、さっと、たまだと言ったわけではない。いくつかあった。
M：候補が。
平田：そのいくつかの候補を言ってもらいたいと思うし、その中で、なぜ「たま」を選択したのか。
M：あああ。
平田：『白いぼうし』っていう教材があるけれど、最初のところでタクシーに乗ったお客の紳士が「これは、レモンのにおいですか」と尋ねている。それに対して、「いいえ、夏みかんですよ。」と運転手の松井さんが言って、それで「ほう、夏みかんってのはこんなににおうものですか。」と紳士が返す。その「これは」と言っている前の第0行に、お客の紳士の頭の中に「夏みかん」はあったのか、なかったのか。・・・なかったんだよね。「これは、レモンのにおいですか」と判断を示すんだけど、それにはいくつかの選択肢があって、なんらかの根拠があって、その中で最もこれだと思うものを言ったわけ。でも、その予想は外れていた。『白いぼうし』はそんなふうに始まったけれど、今問題にしているねずみの質問に対して、「だれって、だれって、・・・」

と、猫の中で頭の中で起きていることがいったい何なのか。それをちょっと探ってみてください。そして、「たまだ」と言う。この「だ」は・・・

M：断定です。

平田：そう、なぜこういう答えをしたのかを、考えてみて。「たま」は名前ですよね。

M：はい。

平田：なぜ名前を答えたのか。「私は猫です」とか「猫だ」でもよかったんだけど、つまり自分の所属や属する類を答える可能性だってあったわけ。そこのところで、なぜ「たまだ」って言ったのかが問題です。ところで名前のことについてだけれど、この場面の前提になっているのは明らかに漱石の『吾輩は猫である』だと思う。冒頭では「吾輩は猫である。名前はまだない。」と始まるけれど、名前があるとかないとかいうことは、いったいどういうことを意味しているか。

M：認められてない。存在を知られてないし、知らせてもない。教材解釈する中でごんぎつねも重なってみえた。第6場面でごんが撃たれた部分と、ニャーゴって重なって見えたし・・・。

平田：名前というのは、まずは誰かから付けてもらうものです。つまり、名前は呼ぶ人と呼ばれる人がいるっていうこと。関係性の中にしか名前は成立しない。自分が砂漠の中に一人暮らしていて、名前が必要かというと全く必要ない。誰かに名乗る必要がない。あるいは呼んでくれる人がいない。名前は必ず呼ぶ人と呼ばれる人がいるところに存在する。「あなたは、だれ」

と聞かれて名乗るということは、どういうことを意味しているのかということを考えてほしい。

また別のゼミでやるから、今はこれ以上深く入っていかないけど、ひとつ紹介したい絵本があります。『なまえのないねこ』二七、これは読んでみると参考になると思う。読んでみると、名前があるとかないということの意味や、名前はどういうことに関係するのかということがわかると思う。

あの『花と手品師』を書いた竹下史子作のこの本も、明らかに『吾輩は猫である』を意識していると思う。猫で名前に関するものは、大抵は夏目漱石が前提になっている。名前の有る無しは、とても重要なことなんだよ。絵本の中では、名前がないのなら自分で名乗ればいいのだと助言される場面もあるけれど、その後の一番最後で、ベンチの下に隠れていて声をかけてもらう場面がある。「おなかすいてないの」と言ってもらえたわけ。そのときに猫は、「そうだわかった。ほしかったのは名前じゃないんだ。」と、「名前を呼んでくれる人なんだ」と言って終わるというお話なんです。名前があるということは、名前を名乗っている人がいて、その人は誰かに対して名乗っているわけです。また、誰かからそれを呼ばれるから自分の名前になる。呼ばれる人と呼ぶ人の関係性において成り立つのが、名前というものなんです。だから、新しい関係性が生まれようとしているこの場面、ねずみから誰って聞かれたときに「たま」という

二七　竹下文子・町田尚子　なまえのないねこ　小峰書店　二〇一九

名前を名乗ったという、ここはよく考えないといけない。

題名は主題

Ｍさんは、題名のことについて、レポートには「ニャーゴ」とは鳴き声とメモしているけれど、そんな単純なものではない。ニャーゴと聞くと、私達はなぜ猫だとか猫の鳴き声だと思ってしまうのか。実は、それが奇妙なことです。

いつも我々は何かに囚われてしまっている。囚われながら生きていることが悪いというのではなく、そういう自分に気づいていないことが問題なんです。固有の社会性とか文化という枠組みや制約の中で、名前を呼び合ったり話したり、一緒に生活したりしている。この三匹のねずみは、「ニャーゴ」と聞いても猫だとも犬だとも、怖いとも恐ろしいとも嬉しいともなんとも思わない。ニュートラルな状態です。ニャーゴは本来ニャーゴという音でしかないけれど、それに意味を与えていくのが関係性。ニャーゴという題名が象徴している中身は、すごく大きなものではないかと思います。それを単なる鳴き声だと捉えてよいのか。この題名には、テーマが表されている。だから、「おじさん　だれだあ」「おじさん　だあれ」のところ、「どきっとした」という中身を追求しないといけない。そして、猫が答える前の「・・・」のところの、思考が何だったのか。ここすごくポイントのところなんです。

最後のためいきのところは、『ごんぎつね』で言えば「青いけむり」のところに似ています。

白いけむりでも青いけむりでもいいんだけど、何かが象徴的に出ているところ。だから、「ためいき」の中味を追求してなにか一つに限定していくというところではなくて、一人ひとりが自分の読みとしてイメージを膨らませていって交流し合って終わる。そういう扱いがよいのではないか。追求する場面は、実は子どもが出してくれた「だあれ」「どきっと」のところの「どきっと」の中身とか、「だれって」ってどういうことなのかとか、「・・・たまだ」と答えたとか、そこをやらないと『ニャーゴ』というテーマにつながっていかない。

M：子どもは素直によく見つけて、疑問を出してやってくれていたんですね。

異なる解釈からの授業反省

平田：そういう教材解釈の目で、もう一度授業を見直してみてください。特に、授業の記録映像の「だあれ」の辺りのところを、もう一回。そこで、案外教師が聞き逃していることや、ここでこれをきちんと捉えて、二年生なりにちゃんと定着させて問題化しないといけないことなどが見えてくるのではないでしょうか。教材解釈があって、初めて聞こえてくるものがあると思う。今私が言ったことをヒントにして、もう一回他のゼミで発表してください。

M：はい。レポートを作り直します。

平田：この教材は面白いですよ。

M：そう言えば、このままで終わりにしようかと思っていたときに、「本名を言ったことが、意味があるんだ」と二年生なりの言葉で言っていました。私が、頭がかちこちでわかってないんだなと、ここにつながってくるんだなと思いました。

平田：教材解釈力ということからすれば、「だあれ」のところはとりあげていたから、Mさんは読む力は以前よりついてきたなと思いました。私達は通常、猫は食べるもの、ねずみは食べられるものというように、だいたいの概念で捉えているでしょうね。そういうふうに読んでいるから、登場してくる人物の不自然さを読み流してしまっている。ねこの登場のしかたもまるっきり変です。実はたまという猫自身も、自分の概念に囚われた生き方をしているわけ。それを三匹によって破られる。おれは怖いんだぞ、怖い存在なのだという思い込みの中から登場してくる。自分自身が囚われている猫という既成概念の中で、自分のことを見せようとしている。だから「わーと」と言っている。ところが怖がるだろうと思っていたら、この三匹は全然違う。彼らにはそういうものがなくてニュートラルなんです。ナチュラルと言ってもよい。変な枠組みがない。変な概念がない。一般常識がない。そういう生き方をしたときに、本当の意味での関係性とか物事が見えてくるですよというのが、『ニャーゴ』が物語っているテーマです。猫とねずみの生活記録ではない。だからすごいですよ、この教材は。

説明文への適用

この前は、説明文でも似たことやりましたよね。『いろいろな船』という教材だったか。あれも同じ。なんのための船、〇〇船とはと分類する。分類するという操作もすごいですよ。人間というのは、ある一つの船なら船という広い概念を、細分化して分節化して、これはこう、これはこうと分類して分けていく。またその中を分類してこれはこうこれはこうと、名づけていくわけね。名づけというのは、つまり分類していくということです。類に属させていく。そういう操作の一番先のところに個物の名前というのがある。人の場合だと、これは何これは何と、単体毎に分類したのが名前なんだ。逆に見ると、その単体の上に、男とか女とか関西に住んでいるとかいないとか、日本人か日本人でないかとか、地球人か宇宙人とか。だんだん類を作っては、名づけていく。類を作っては名づける。そういうふうにして物事が見えてくる。名前というものが、我々にとってどういう意味を持っているのかをもう一回考えてみて欲しい。

M：はい。ちょっと書き直します。

平田：最初に自分がこういうふうな一般的な捉え方だったということを示して、それがどれかの言葉をこう考えることを通してこう変わったというようなかたちでレポートするのがいいと思います。

M：はい、ありがとうございます。でも、また思い知らされました。

平田：それでも、ここのところを選んだのはすごいなと思いました。

M：子どもが選んだんです、私じゃなくて。

平田：子どものあとをついていっている、でもその子どもを育てたのはMさんだと思って・・・。

M：いやあ、全然成長してないです。

教師自身が変わる

平田：私達は、固定概念や自分の思い込みの中で、物事を考えたり読んだりしているわけですよ。今日は、この実践を提供してくれたものだから、名前というものについて深く考えることができました。「だあれ」という質問が投げかけている意味の深さにも気づきました。さっき紹介した絵本についてですが、自宅の近くに絵本美術館があって、展覧会や原画展をよくやっているんです。絵本を売っているショップもある。先日行ったときに、『なまえのないねこ』という絵本にパッと目がいって読んでみたら、名前というものが意味していることの大きさに驚いた。『ニャーゴ』を読んでいたから、『なまえのないねこ』もわかったし、その逆でもある。そういうこともヒントにして、もう一度教材にかえってみたら、「だあれ」や名前を答えた意味の深さが改めてわかったような気がしました。そういうわかり方もあるのですよね。ちょっと外堀のようなところから行って、教材に戻ってくるとわかるということもある。他の人、何かありますか。

F：話を聞いてとても勉強になりました。絵本の紹介をされたときに、ふと私の頭の中に浮かんだのは『あらしのよるに』二八です。おおかみとひつじ、食う食われる関係です。ニャーゴの場合はねことという姿も声も見聞きしているのに、「だあれ」と尋ねている。『あらしのよる』では、姿を見ていない。声だけしか聞こえないという限定された状態。姿が見えない。声だけの中で一般的な食う食われるの関係ではなくて友情まで高まっていくということから言うと、『ニャーゴ』という物語と『あらしのよる』には、共通したところがあると思ったんですが、いかがでしょうか。

平田：スイッチインタビューというテレビ番組で、落語家柳家喬太郎と美学者伊藤亜紗の対談を観たのですが、とても面白かった。私達は五感の中で情報の八割は目から受けている。だけれども、全盲の人は目が全く見えないから、その人達は違う空間認識をしているそうです。例えば、道を歩いているときに自分の横に柵があったとする。柵はポールの部分と網目の部分があって、網目が続いていってまたポールがある。私達は、その横を歩いているときに、目で見てそこに柵があるとわかる。では、全盲の人はそれがわからないかというと、ちゃんとわかるんだと言うんです。音だけじゃなくそこからくる空気の圧力や変化みたいなものでわかると言うんです。私達が情報を得たり、物事を判断したりしていることのもとになっているのは、いつも見えるということが暗黙の前提になっている。しかし、見えなくなったときに初めて見え

二八　きむら＆あべ　あらしのよるに　講談社　二〇〇〇

るという世界があるというわけです。今Fさんが紹介してくれた話は、まさにそれだと思う。どうしても私達は一定の方向性のある情報とか、特に目で見えることとかを、暗黙のうちに当然のこととして受けとって、それに基づいて判断に到達したと思っている。でも、いきなり嵐で真っ暗闇になり、周囲にすっかり光がなくなって見えなくなってしまったときに、初めてわかるものがあるというわけです。その人の中に新しい空間性ができる。

さきほどの美学者の紹介した例では、こんなこともありました。目が見えなくなった人には、身のまわりとか身近というような概念がないのだそうです。普通の人は、自分が持っていたスマホを置いたまま、どこかへ行って戻ってきたとき、またそこで手にとることで、スマホを身のまわりの物と認識している。けれど、目が見えなくなると、こういうかたちで身のまわりの物を認識することがなくなってしまう。目で見て近くにあるから自分の物だという所有観があるわけだけれども、これは目が見えることを前提にしている観念であると。そうやって考えてみると、これはだれの所有物だというような所有観という概念自体が、見えなくなることで変わってしまうのだと言うんです。所有観も言わば常識、当たり前のものとして生活しているけれども、実はそういうことが問われているんですよ。

芸術の意義

物語『ニャーゴ』では、こういう常識的な見方への疑問や問い直しを、三匹のねずみが提出してくれている。学校という概念化を目的とするようなところでは、こういう人達は、全く不真面目で、勉強をしない困った存在だと見られていることが多い。しかしそういうふうに、既成事実を概念化しなかったような人にこそ見えるものがある。私達は、猫が出てくると、すぐこういうものだ、猫は怖いものだ、猫はこうするものだという使い古された既成の概念の範疇でしか物事を見てない。そういうものを打ち破ってくれるような存在があって、はじめて真実のものに気づき、わかるということがあるのではないか。

スイミーも同じ。他のさかな達は隠れている。私達と同じ一般人です。そこにスイミーという、世間では芸術家にあたるような存在の人が登場してきて、今までの一般常識を打ち破る。そういう打ち破るような行為に一歩でも近づいていこうとすることを、文学・芸術一般が私達に与えてくれている。芸術の存在意義じゃないかと思う。『ニャーゴ』が、私達に問うているものは何か。それがテーマだと思います。そんなふうに読んでいかないといけない。

F：スイミーは黒ですよね。コロナ禍の中で黒人問題が出てきましたね。僕達は人を見るときにぱっとどこを見るかというと顔を見る。一般的な概念、情報として肌の色という情報で判断してしまう。アメリカでは肌でバスの席を分けたということが行われていた歴史がある。低学年の読む文学なんだけど、人間の生き方とか見方ということに深く文学作品は関わってきているのだなということを、Mさんの実践報告、平田先生のお話を通じて考えさせられました。現代の問題として考えていける子に育てていかないといけないのではないか。ただスイミーが読めた、ごんぎつねが読めた、ニャーゴが読めたということだけではなくて、人間の生き方見方にも通じる気づきを与えることが、大事なのではないかなと思いました。

主題と授業目標

平田：二年生の授業としてどう成立させていくか、授業の目標をどう設定するか、という問題が次に考えなくてはならないことですね。Fさんが今言われたようなところまで、二年生と一緒に勉強できるかと言えば、それはまた別の問題です。授業は、子ども達の最近接発達領域に働きかけなくてはいけないわけですから。

『ニャーゴ』という物語は、大人達が読んでもいいし大学生高校生が読んでもいい。そういう深い中身を含んでいる優れた教材です。そういう教材を使って、二年生にどういうねらいを設定するかというのは、授業としての問題です。逆に心しておかなくてはならないのは、二年生の教科書にある教材だから、簡単でわかりやすいという思いこみが、教師にあるのではないかということ。「猫はねずみを食うもの」という概念が先にあって読んでいたというような話を聞くと、教師というのは、どうしてもそういう思い込みが先に立って読んでいることが多いのではないかと感じました。

第二部

解釈のための視点

視点1　中心人物の行動課題──文脈を読む（1）──

教材：ごんぎつね（新美南吉）　クロツグミ（高村光太郎）

教材解釈をするための方法的な視点を、五つ提示しよう。本著第一部のライブ演習で扱った内容を、より理論的にまとめたものである。

初めに提示するのは、視点〈中心人物の行動課題〉である。その後に提示するいくつかの視点同様に、この視点はある部分だけを微視的に視るのではなく全体も巨視的に視ようとするものので、そこだけ聞けば至極当然のことではある。部分と部分とがある連関を持って構成されているのが全体であり、その連関性は主題によって意味づけられ方向づけられているのだから。

したがって、副題に示した「文脈を読む」とは、ある文とその前後や教材全体を、微視的巨視的に往還しながら読んでいくということであるが、後で述べる視点〈論理の展開〉が教材の構造を視ようとする意識が強いのに対して、視点〈中心人物の行動課題〉は、教材の中で中心となって動く人物の心理の変化を視ようとするものである。

中心人物の成長物語

およそ教材となるべき物語の多くは、中心人物の成長過程を描いている。言葉の形象を通してその成長過程に触れることが、文学教材の教育的価値だとも言えるだろう。言葉の形象として表現された人物の行為を読みとる学習を通して、子ども達は物語の中でその人物となって生き、その人物の成長を追体験する。こうした学習活動は、物語へのアプローチのひとつである。他のアプローチとしては、物語の外側に立って言葉の形象を分析し批評したりするやり方もあるだろうし、その人物になり切って音読したり演じたりすることによって心身共に追体験しようとするようなやり方もあるだろう。ここでは、第一のアプローチを前提として、論を進めてみることにする。

内面の変化・転換を読む

物語における人物の成長とは、外面的なことではなく内面的な心理の変化のことである。その変化を最も端的に表現している人物こそが、中心人物である。人間の場合もあれば動物も場合もあり、ときには無機物のときもあるが、文学とはそういうものである。

人の心理は移り変わっていくものではあるが、教材となるべき物語における中心人物の内面的な変化は、徐々に移り変わりゆく心理の推移としてではなく、あるとき決定的に転換・転化するように描かれていると捉えたい。教材解釈の視点〈中心人物の行動課題〉は、物語の進行によって徐々に移り変わっていく心理の推移を、あたかも景色を眺めるかのように捉えようとするのではなく、中心人物が予め持っている行為的な課題を明らかにしておいた上で、内面的に転化する時やそれに至る過程を読みとろうとするものである。したがって漠然と人物像を捉えようというような概括的なものではなく、中心となって働く人物の行為する上での具体的な課題がなにかを明らかにしようとする。その際、人物設定とか人物形象とか行動目標とは言わないで、行動課題と言うことにする。

課題は自意識的

登場する人物はそもそも、なんらかの行為について、長い見通しを持ち何か大きな目標に向かって、自覚的に何事かを行っているわけではない。大きな目標を達成するために行っている計画的行動であるというよりは、自我から発する利己的自己本位的な、あるいは生活感覚的な欲求に基づいて行為している。したがって、自覚的自己ではなく自意識過剰で無自覚的である。たとえそれが何年か越しの計略であったとしても、その行為は、従来の価値観に基づいた自己本位な行為であるという意味では変わらない。行為は、大きな目標を達成するための行動であるというよりは、目先のものであり、自分が欲する結果の真意を自己に問うことをしないもので、多分に非本質的で素朴で日常生活的な性質のものである。例えば鰻釣り針の計略に血道を上げる大造じいさんがそうであったように、例えばいたずらばかりを繰り返すごんぎつねがそうであったように、また詩『クロツグミ』や『イナゴ』の話者がそうであったように。思春期前期のまっただ中にいる『カレーライス』の「ぼく」もそうだった。そうした当初の行動課題は、いずれは壁にぶつかり内面的に転換せざるを得なくなるのだが、登場した中心人物の当面の行動課題を明らかにしようとするのが、視点〈中心人物の行動課題〉である。

冒頭に着目

多くの場合、〈中心人物の行動課題〉は、物語の初めの方に提示されている。書き手の立場からすれば、冒頭でその物語をどのように出発させるかはきわめて重要であるに違いない。だから、なんとなく思いつくままに書き始めるなどということはない。物語の語り初めの出発において、人物をどのように設定するかを明示しなければならないからだ。仮に人物そのものについてではなく周辺の状況から書き始めていたとしても、状況には人物の内面が映し出されていると捉えなければならないだろう。しかも、それはできうる限りさらりと大ぶりにならないように何気なく自然に。「この物語の主人公である良夫にとって、十円の金をいったいどうやって工面すればよいのかというのが、当面の大問題であった」などと、わざわざ大仰に言ってみせるような場合もないわけではないが、そういうときは大抵本質的な問題は別にある。

いずれにせよ設定は、主に状況に関わるところの社会や環境や場所などについて、あるいは物語の中で働く人物の行為や心理状態や事の事情というようなものである。そういうものがさらりと何気なく書かれているから、そこに登場する人物の言動に潜んでいる課題は何だろうかと意識しながら、調べるようにして読んでみることが求められる。視点〈中心人物の行動課題〉とは、そのような意識である。

課題を明らかにして

経験的に言えることとして、解釈者がここで注意しておかなければならないのは、ひとつは、状況に目がいってしまい人物の行為を軽視しがちであること。もうひとつは、物語というのは、行動課題を持った人物の課題解決ストーリーではないのだということである。

後者について言えば、〈中心人物の行動課題〉を明確にする必要はあるが、気をつけなければならないことは、当初の行動課題の解決過程が物語ではないのだということである。中心人物の抱える課題が心理的なものであれ具体的な生活問題であれ、それらの課題や問題が目指す方向にめでたく解決されてしまうというのであれば、そもそもドラマがない。教材になり得るような物語のおいては、ある原因や事情によって何らかの課題をもった中心的な人物が、課題解決を図ろうとする諸活動の途上で、あるとき未聞の事態に遭遇し、それでも尚、当初の課題の実現を図ろうとする。しかし遭遇する事態は、最初に課題を持ったときのような価値観や世界観ではどうにも解決できるような次元のものではない。そこで中心人物は内面的な転換に迫られ、それまでの課題の解決を放棄して、自ら新しい自分へと変化し事態を打開していく。したがって、この転換の前後における中心人物の行為は、一見矛盾している。中心人物が内面的に大転化するここが、まさに山場でありクライマックスである。物語はその後、獲得された新たな見方や考え方を自覚化して終わっていく。

教材となり得るような物語では、そのように内面的な大転換が描かれている。『ごんぎつね』や『大造じいさんとガン』や『海の命』を想起して欲しい二九。こいつはつまらないなと思ったのに、明くる日も兵十の家へ出かけたごん、じたばたさわぐであろうと手をのばしたのに、残雪の思わぬ行動に出くわした大造じいさん、大魚をしとめようとしたのに、そこにお父の存在を言って大魚を殺さなかった太一などの矛盾と転換の姿である。

〈中心人物の行動課題〉を明らかにすることは、そうした矛盾を浮き立たせる。物語の冒頭に示されることが多いこの〈中心人物の行動課題〉を、人物像などと一括りに捉えてわかったようなつもりにならないで、人物がいったいどのような行動課題を抱えて登場しているのかを、

二九　『海の命』は中心人物「太一」の、また詩『イナゴ』は中心人物「ぼく」の世界の見方・考え方の転換を描いているが、その見方は相手を見ると同時に、「太一」は自己を大魚の眼からも、「ぼく」は自己をイナゴの眼からも見るという包摂的なものに変化している。『一つの花』『やまなし』では、いずれもお父さんがある行動課題を持って登場するが、その行動課題は、物語の山場で変形された別の具体的な課題となり、最後にある解決を見て終わるようになっている。片山遙・宮坂義彦　国語やまなし(宮沢賢治)六年　一莖書房　二〇〇〇　も参照のこと。

具体的に捉えなければならない。そうすることで、中心人物がやがて遭遇する未聞の事態が浮き立って見えるようになり、その後について描かれている形象との違いや矛盾も見えやすくなって、変化した箇所がどこかをみつけようとしたり、変化の原因やきっかけを読み取ろうとしたりする意欲が喚起されるに違いないからだ。

ごんぎつねの行動課題

典型的な事例として、『ごんぎつね』の冒頭を見てみよう。いたずらばかりするごんの姿を一読した読者（=解釈者）は、どういう読み取りとイメージを持つだろうか。「一人寂しく暮らしていたごんぎつねは、いたずらが好きな狐だった」というものだろうか。この程度の一般的な解釈に対して、視点〈中心人物の行動課題〉を導入してみよう。

中心人物であるごんは、なんらかの課題を抱えて行為しているはずだという眼で、ごんの言動に注目する。そして、そこに違和感や不自然さがないかどうか、矛盾や意味不明な言動がないかどうかを注意深く探してみよう。すると、いくつかの疑問が浮き上がってくる。例えば、「ごんの住んでいる場所が、繁華な場所から遠く離れた所ではなく少し離れた所だというのはどういうことか」「しかも、しだのいっぱいしげった森は住みにくいはずなのに、そこに自分で穴を掘ったのは変だ」「ごんには家族はいないのか」「狐が夜村に出て来るのはわかるが、昼も出て来るのは異常だ」「いたずらの程度が酷すぎるのではないか」等々。叙述の在処としては、

「少し」「ひとりぼっち」「しだのいっぱいしげった森」『夜でも昼でも』「ばかり」などである。

それらの疑問を窓口にして、追求すべき問題へと展開する意識を持ちながら、中心人物であるごんが行っている不自然な行為には、なんらかの解決したい心理的な課題があるはずだ、それは何かという視点で読み直していく。

このとき、辞書を活用して見慣れない言葉を調べたり、見慣れてはいるが気になるような言葉について調べ直したりしてみよう。すると、「ひとりと独りぼっちは意味が違う」「ばかりは、いたずらだけという意味だから異常だ」「余程の理由がなければ、ふつうは昼間村には来ない」「いもを掘ったではなくて、掘り散らしたということは、食べることが目的ではないようだ」「遠くではなく、少し離れた場所を選択しているのには、理由があるはずだ」などというかたちで、当初の疑問が少し膨らんで、問題を孕んだものとして見えてくる。

こうして、ごんが孤独な「ひとりぼっち」の狐で、頻繁に近くの村にやってきては村人達が過剰に反応するような過激ないたずらをわざと仕掛けていたのではないか、とごんの行動の背景にある心理が少し見えてくる。そして異常行動の背景には孤独感が心理的な原因としてあり、そういう自分を満たそうとして、村人の反応を期待するような過激ないたずらばかりを繰り返しているごんの行動課題というものが見えてくる。

そうして、一旦明らかにした視点からもう一度言葉に即して始めから読み直していってみると、ごんのいちいちの言動が、根柢でこの行動課題に貫かれていることがはっきりしてくる。

ごんは、その行動課題を持ちながら行動していく。兵十に対する新たな小課題も次々に生まれ、さらにはそれが思わぬ形で壁に突き当たってしまう第五場面終末の「おれは引き合わないなあ」に至るまでの展開が、よりリアルに大きな構造として見えてくるのである。

物語に登場する中心人物は、このように最初何気なく登場するようでありながら、実は内面に（大抵は無自覚的な）行動課題を持っているのであり、その課題遂行のために様々な行為を行うのである。ごんぎつねばかりではなく、大造じいさんもまたそうであるし、『白いぼうし』の松井さんもそうである。

すべての教材に適用可能ではないだろうが、教材解釈をどこから始めようか困惑している教師にとって、視点〈中心人物の行動課題〉の導入によって、教材の見え方は大いに変わるに違いない。教材解釈の難敵とされることの多い『やまなし』であっても、お父さん蟹の行動課題が何であるかを探究していけば、全体の見え方は大きく変わる。

行動課題の次元

改めてまとめてみると、視点〈中心人物の行動課題〉の導入に際して、心がけたい三つの次元がある。第一は、登場する人物（または話者・作者）は、達成したいなんらかの課題を抱えて登場するという意識に立って読むこと。第二には、その行動課題がその後どのように推移していくかを、特に未聞の事態に遭遇し内面的に転化せざるを得ないような情況に陥るかどうかという意識で読むこと。さらに第三として、中心人物が遭遇した事態（＝抵抗）をどう乗り越え、最初とどのように内面的に変化しているかという全体構造を捉えようとする意識を持って読むことである。

実はこういうことは、教室ですでに実践されていることなのかもしれない。現に教科書には単元の最初に「主人公の気持ちの変化を読みとろう」などと、学習目標らしきことが記載されていることが多い。しかし、これは文脈と言うよりは、その時々の心情を推し量ってみるという程度で扱われてしまってはいないだろうか。例えば、「そのときは、とても悲しい気持ちだったと思います」とか「びっくりしたのでそうしてしまったのではないかと思う」とか、互いに似たような一般的な感想を言い合い、それで終わってしまうというような授業である。そういう授業をしている教師には、行動課題とか抵抗とか矛盾とか転化とか、あるいは全体の構造とか文脈とかの意識は低い。人物の内面的な変化や転化というよりも、その都度移り変わりゆく心理的推移を読んでいくだけである。最初は少し寂しい、次がもう少し寂しい、そしてすごく寂しいというような推移ではなく、断絶や転換や転化を見なくてはいけない。視点〈中心人物の行動課題〉という意識が、そうした文脈を浮き立たせてくれる。

行動課題を明文化する

ところで、〈中心人物の行動課題〉に限ったことではないが、教材解釈はきちんと明文化しておきたい。教材解釈を考えながら書き、書きながら考えるつもりで一旦文章として表し、客観的に読み直し吟味し修正しなければならない。ひとりでは無理な場合が多いから、自分より優れていると思う人に読んでもらって助言を受けたり、仲間に提示して議論し合ったりすることもよいだろう。これは必ず必要なことだ。そうした吟味を通して、〈中心人物の行動課題〉が持つ様相もはっきりしてくるだろう。

例えば、詩『クロツグミ』（高村光太郎）の場合。「クロツグミなにしゃべる」であって、「なぜしゃべる」「いつまでしゃべる」「いつからしゃべる」「だれとしゃべる」「だれにしゃべる」「どんなふうにしゃべる」などではない。5W1Hに当てはめて調べてみると、「なに（what）」という課題が持っている特性が比較検討を通して見えてくる。『クロツグミ』の話者の行動課題は、「なに」をしゃべっているか、その内容が知りたいというものであって、「なぜしゃべる」のか理由を知りたいというものではないのである。それを往々にして教師も子どもも混同する。「なに（what）しゃべる、と書いてあるから、作者はどうして（why）そんなに一日中しゃべるのかなあと思っている」というような捉え方のまま過ぎていることが多いのである。「なにしゃべる」に触れて子どもが発言しているのに対して、それに切り返すつもりで、「いったいなにをしゃべっているのだろう」と言うべきところを、「どうしてそんなにしゃべったのかな」と理由のほうを問いかけてしまっているような教師もいるのである。もし解釈段階で、視点〈中心人物の行動課題〉という意識をもって自己の解釈をきちんと明文化し、読み直し検討し直していたならば、自分の誤謬に気づけたかもしれない。

いずれにせよ、詩の冒頭における行動課題を明確にしておかないと、最後に出てくる話者の「おや」という転換点は見つけにくくなってしまい、その内容を確実に捉えることも難しくなってしまう。クロツグミが何をしゃべっているかを知りたいという冒頭で示された話者の行動課題が、詩の後半に向かって地下水脈のように貫かれているからこそ、「おや」という転換が訪れるのであり、「そうなんか」という結節点が描かれていると捉えなければならない。「なにしゃべる」を、なぜしゃべるとほぼ同義のように受け止めてしまっているような解釈では、主題も見えなくなってしまうのである。中心人物の行動課題を明確化しようとする意識が、不足していることが原因であると言わざるを得ない。

視点2　論理の展開——起承転結・文脈を読む（2）——

教材：春（坂本遼）

教材解釈の二つ目の視点として提示するのは、〈論理の展開〉である。教材について論理的な構造がどうなっているかを調べる、というものである。直接その説明に入る前に、文学や音楽や絵画などの芸術が、私達にとっていったいどういう意味を持っているかという少し大きな観点から入っていきたい。

芸術と経験

人間の生き方に係わる芸術が、思索の源泉であり思索への窓口を開いてくれている。窓そのものが真実というわけではなく、あくまでも窓であり、そこから入って深く思索を展開していくことによって、人間としての生き方のいのちに辿り着くことができるものなのかもしれない。フランスに長く暮らして「経験」の意味を問い続けた哲学者森有正は、「思索の源泉としての音楽」という短文を残している三〇。森にとっての音楽は主にバッハであるが、バッハの音楽が

三〇　森有正　思索の源泉としての音楽　『遙かなノートルダム』所収　筑摩書房　一九六七

いかに哲学的思索の源泉になっているかについて、「人間は誰しも生きることを通して、自分の「経験」が形成されていく。・・・人間が過去からうけついだ歴史的なもの、それが自己の働きを仕事によって、自分自身のものとして定義されること、そういうものだと思っている」と言う。また、「文学が表象を媒介として果たす機能を音楽は直接感覚に働きかけることによって果たすのであり、ある種の感情に対しては、それは文学よりもより純粋である」とも言う。今ここでは、文学と音楽との違いを、音楽の問題に踏み込みながら論ずることはできないが、文学にせよ音楽にせよ芸術というものが、私達の経験を形成していく上で欠くことのできないものであること、音楽に比較すれば文学はより非直接感覚的であり表象を媒介として働きかけることを改めて確認したい。音楽が私達の直接感覚に働きかけるとは言え、バッハの受難曲やミサ曲に関する磯山雅の論考などを読めば、音楽作品がいかに論理に導かれて創作されているかも納得できる三二。であるならば、表象の中核として言葉を用いる文学が、より非直接感覚的であり、それゆえに論理的な思索をもたらす源泉として機能しうることは論を待つまでもない。

　芸術の意義とはどういうものかという問題意識を持ちつつ、ここでは文学のうちから詩追求の授業の教材となり得る詩教材――を取り上げ、それがいかに私達の思索を誘うものなのか、別言すれば、詩の中にいかに論理の展開を読みとり教材のいのちに向かうかを、追体験的

三二　磯山雅　マタイ受難曲　東京書籍　一九九四　など

に述べてみたい。

森は、「音楽は私にとって・・・経験の奥底に開いた純化された状態への窓のようなものになってきた」とも言った。音楽についての森のこの境地を、文学における思索として受けとってみると、詩における論理の展開を読みとるという思索的行為は、教師という仕事によって形成されていくべき経験の「奥底に開いた純化された状態への窓」を開き、その奥底へと向っていく思索そのものだと言えるのではないだろうか。〈論理の展開〉を視点に教材を視るということは、教材を自己と切り離し対照化して外から眺め分析するというイメージを持ちやすいかもしれないが、決してそういうことではなく、むしろ自分自身の深いところへ向かう行為なのだということを忘れないでいたい。

すでに、「文脈を読む（1）」において〈中心人物の行動課題〉を視点として解釈する可能性について述べた。実は大きく見れば、その視点も〈論理の展開〉という視点の一部である。中心人物は、一般的に共有されている意識や知識や枠組みを持ちながら――ときにはそれが隠された前提となっているような場合もあるが――、ある課題を抱えて登場する。自分なりの解決を望み心情的な欲求である行動課題を抱えながら行為する中心人物は、ある日ある時、それまでとは異なる事象に対面する。その異常体験に接した彼は、当初の課題がそのままの次元では解決されないような事態に陥ってしまう。そこで彼は、それまでとは異なる価値への気づきと克服とによって、自己の中に新たな経験を形成する。すなわち内面的な転換によって、それま

春

おかんはたった一人
峠田のてっぺんで鍬にもたれ
大きな空に
小ちゃいからだを
ぴょっくり浮かして
空いっぱいになく雲雀の声を
じっと聞いているやろで

里の方で牛がないたら
じっと余韻《ひびき》に耳をかたむけているやろで

大きい　美しい
春がまわってくるたんびに
おかんの年がよるのが
目に見えるようで　かなしい
おかんがみたい

でとは異なる新たな人格が形成される。教材となり得るような物語の多くは、中心人物のこのような成長過程そのものである。『大造じいさんとガン』も『ごんぎつね』も『銀河鉄道の夜』も、そうであった。

物語の場合は、中心人物の行動課題の変化として、その過程を読みとることができる。俳句や短歌といった短い教材の場合にも、作者の心理の動きをひとつの過程として読むことができる。但し、俳句は十七文字という限られた形式の中での表現であるが故に、読みとっていく際の材料がかなり限られる。文字数が少ないという制約があることは確かだろう。しかしその一方で、「や」「哉」というような特有の語や季語の使用という制約や条件が、かえってヒントとなる場合がある。実は物語教材の解釈で難しいのは、短詩型とは逆に対象となり得る材料が多すぎるためで、いったいどこから手をつけていったらよいのかがわかりにくいと感じる教師も多いのは、そのためだろう。

では、詩教材はどうだろうか。ここからは詩『春』（坂本遼）を取り上げ、教材解釈において視点〈論理の展開〉を導入する有効性を示そうと思う。

そもそも詩は、安西冬衛『春』のような一行詩の場合もあれば、宮澤賢治『小岩井牧場』のようにかなり長いものまであり、長短だけからすれば短詩型に近いものから物語に近いものまでも含んでいる。また、まど・みちおの詩に多く見られるように、必ずしも何連かに分かたれていないような場合もある。いずれの場合にも、視点〈論理の展開〉は有効に働くことが多いのであるが、そのことを、坂本遼『春』を取り上げて説明してみよう。

起承転結

初めに一般論的な説明をしておきたいが、詩が四連構成の場合と三連構成の場合を想定してみよう。いずれの場合も、起承転結という枠組みに当てはめて考えてみると捉えやすい[三二]。四連構成の場合は、そのまま起・承・転・結となるわけであるが、第一連では事の**起**こりが提示され、それが第二連へと継**承**される。第三連でそれまでとは異なる事象が提示されて**転**換し、第四連では第一連とは異なる次元の世界観が**結**論として示される。少々紋切り型の説明ではあ

三二　本稿で用いる「起承転結」という用語は、慣用句としてのそれである。学校教育や日常生活の場で、物の進み方として用いられることが多い用語であり、必ずしも論理的なものではない等の指摘もあることは承知の上で、説明の便宜上使用している。

るが、枠組みを当てはめるとはそういうことである。

第一連で提示されるのは、読者と同じ次元の理解面における事柄である。例えば、「夕焼けは美しい」「春になると気分が浮き浮きする」「星を見て宇宙の広さを思う」「秋になると葉が枯れて寂しい気分になる」というような一般的通俗的なふつうの物の見方捉え方、あるいはきちんとした科学的な根拠には基づかない生活概念そのままである。「夏は暑い」とか「水は冷たい」とか「ケーキは甘い」とか、そういう類である。

詩人の出発点はここにある。もっと言えば、詩人の存在理由もここにある。一般的通俗的生活的概念に立脚するところから出発する。私達はそのままの地点に立って日々を無事に過ごしているのであるが、詩人の場合は、そこに留まらないで、それに打撃を与えて破壊し、特殊で独自性に富んだ世界の見方捉え方を提供することを目論んでいる。その意味で、芸術家としての詩人は現状の破壊者である。

詩が三連構成の場合は、起に当たる部分を省略して第一連の前に隠していることがある。すでに総論（1）の詩『イナゴ』についての解説でも触れたが、第0行がこれに当たる。詩でも短詩型でも、起が第一連に記述されていようが、第0行に暗黙の了解として隠されていようが、詩人が前提にしているのは私達の意識や感覚と共有している通念である。それを読みとろうとすることは、教材解釈においてかなり有効に働く視点になる。起は何か、第0行に隠されている事柄が何かを探ろうとする読み方は、詩全体の論理がどのように展開しているかを読もうとする視点〈論理の展開〉の一部として有効に機能する。

詩『イナゴ』では、「人間も小さな生き物達も、同じ世界の中でどこかで気持ちを通わせながら共存している」とする一般的通俗的生活感覚的な概念や世界観が、前提として隠されている。全体が三連構成なので、この前提となる世界観は第0行に暗黙の了解として隠されており、第一連は起ではなく承として始まる。前提となる概念の延長上で、「ぼく」の目を通して、世界がどのように見えているかが語られ始めているわけである。

これを「ぼく」の〈行動課題〉と捉えて、その課題がどのように展開されていくかとする読み解き方も悪くはないが、多くの詩は、『イナゴ』のようには中心人物である作者・話者の言動として描かれてはいない。言動の経緯が、一定の時間的経過の中で物語られているわけではない。つまり、〈中心人物の行動課題〉という視点は、時間的な流れの中に展開を捉えようとする意識に基づいているが、〈論理の展開〉という視点は、一旦時間を停止して論理の展開そのものに着目して構造を捉えていこうとする意識が強いと言える。詩は、時間的な推移の中で物語られていくというよりは、主題を連の展開として一気に表現していると捉えた方がよさそうである。

坂本遼の詩『春』でも、これは言えることで、確かに一見すると長い第一連における「おかん」の行為の後に、第二連の光景が引き続いて物語られているかのようではある。しかしそこにあるのは、一連の流れるような時間の後に偶然にもたらされた二連の光景などというものではなく、一連の初め、もっと言えば第0行に隠されている作者・話者の問題意識に貫かれて一気に語られた「目にうかぶ」おかんの姿なのである。詳しくはまた後述する。

起とは

それでは、起承転結という枠組みの用い方について見てみよう。

「起」とは様々な言い方で表すことができるが、隠されていて読者と共有化されている一般的通俗的常識的概念（いわゆる通念）とか世界観のことである。そもそも詩人が詩を表そうとする動機――主題と言ってもよい――は、こうした日常的な状態に対して、それを超える全く新しい驚くべき見方とか枠組みとかを提示しようとするものである。詩を書く動機が、一般常識的なものの再提示などということはありえない。芸術とは、本来現状を追認するような価値観からは発出してこないのである。だからこそ、芸術家岡本太郎は「芸術は爆発だ」と言ったし「なんだ、これはっ」と言った。見た者が驚き、揺さぶられ、あるときは反発さえ覚えるところにこそ、芸術の存在価値があると主張したのではないだろうか。「太陽の塔」を見て、驚かない人がいるだろうか。

詩は新しい見方見え方を提出していることは当然であるが、実は私達一般の読者がもっている常識的な見方や物の捉え方を、前提として踏まえていることを、再度確認しておきたい。教材の解釈では、このこともきちんと意識化し文字化しなければならない。なぜなら、それらは隠されていることが多いからだ。第0行に隠されている場合もあれば、第一連にさり気なく表されている場合もある。

承とは

さて起に続く「承」の第二連では――先述のように第一連も場合もある――、起の継承であるから、まだ事件とか劇的状況とかは生じない。第0行あるいは冒頭で示された物の見方考え方の延長上で語られる。例えば、いつも樹上で生活していて地上を歩くことのないコアラが、いきなり地上を歩いていたとすれば事件性は高いが、「キリンがあるくよ」ということであれば特に事件性はないように思える。だがしかし、何らかの劇的状況を予告はしている。「ぞうさんぞうさん」と二度も呼びかけた後に「おはながながいのね」と言うのは、一般的な物の見方の再提示ではある。しかし解釈をする場合には、承に当たるここで、次の劇的状況が予知されているのではないかという意識を持って読みたい。起に続いて何気なく書かれているところに、次で起きるべき転換が準備されている。

こういう構えは、教師にとって非常に重要で、いつもなんとなく意味のない活動を子どもにやらせているような教師は、こういう場合でも何気なく読み過ごしてしまうのではないだろうか。例えば、国語の授業の開始直後に、中途半端に音読だけやらせて終わるのが習慣づいてしまっている人や、音楽の授業で声出し練習と称して発声練習だけやって終わっているとか、授業の初めの「礼、おねがいします、着席」のような全く形式的でなんの意味もないような所作をやらせて平気でいるような人は、特に気をつけなければならない。起や承を、そのような無意味なものとして受けとってしまうところに、解釈者が陥る第一の陥穽があると言える。

劇的状況への予知の意識をもたないまま詩『春』を読んでしまう教師は、題名でもある春についての一般的なイメージを重ねながら第一連に入り、そのままの意識で第二連に進んで行ってしまう。のんびり長閑な田園風景の中で、悠々自適に生きている母の姿として。しかしそういう教師も、何らかの劇的状況の予知という意識を持って注意深く読み進めるだけで、母の過酷とも言えるほどの労働の側面が浮かび上がってくるかもしれない。あるいは、詩人が私と同じような一般常識的な春について描いているはずはない、という意識を持って読んでいけばよいかもしれない。詩人はきっと一般的な春とは異なる「春」を描いているに違いない、私にとっての春は皆さんとは異なるこういう「春」なんですよ、という詩人の声を聴きながら起である第一連を読み、次に来る第二連はその発展の承として読む。そして第三連前半の「かなしい」までが転であり、最終行に結晶化された現在の切実な想いである「おかんがみたい」が表現されていると読みとれるのではないか。あるいは、詩人の声を起として、第一連を承、第二連を転、そして第三連を現在の切ないほどの想いの結として読んでいく、そういうことも可能ではないか。後者の場合には、おかんにとっての牛の存在が、尚更切実感を持ってくるかもしれない。

要は、起承転結の枠組みの内に全体を収め込もうとするのではなくて、その枠組みを用いながら〈論理の展開〉を視ていく。第0行に何かが隠されており、それが前提になって第一連があり、それを受けて第二連があり、それらを受けて第三連の内容が成り立っている、という論理の展開の様態を視ていくわけである。

余談になるが、斎藤喜博という方は非常に感覚が鋭かったようで、いくつかの逸話が残されている。例えば、この『春』を初めて検討した際にも、第二連に出てくる牛に特別な意味があるのではないかと直観的に指摘したとか、詩『ふるさとの木の葉の駅』では、どこかにそういう駅名があるのではないかと言い当てたとか。私などは、坂村真民のこの詩を読んだとき、まさかそんな名の駅があろうなどとは思いもよらなかったし、実際に調べてみて熊本県にそういう駅名をみつけて驚いてしまったくらいである。不幸にして斎藤のような天才的ひらめきを持ち得ない場合には、ある構えをもって読むより他はない。起に続く承があり、その次に何らかの劇的状況が待ち受けているのではないかとする構えをもって読んでいくしかない。

転とは

さて「転」とは文字通り転換を意味しているが、大きく展開する、つまり新たな展望が開かれているとも言える。小説であるなら、そこに「面白さ」が生まれる。辻邦生はこんなふうに書いている、――「面白さ」とは、原理的には、平衡状態の中へ異物が侵入することによって生まれる破綻と、その快復との間に掛かった虹のようなものであると[三三]。また、物語とは、平常の生の中に、何かが侵入して起る変化の過程である、と[三四]。先述のとおり、起と承は、辻が言うところの平衡状態である。そこに異物が侵入して事件が起き劇的状況が生じる。少し違う言い方をすれば、平衡状態の描かれ方が、読者にとって共感をもって受けとられ、同様の意識や心情が共有されることによって、次に投入される異物が正に異物と感じられなければならない。事件の前にいくつもの違和感を抱いているような読み手にとっては、異物の登場は、それほどのものとは受けとられない可能性があるとも言えるだろう。

違和感を読み手の言葉で言い表せば、「よくわからない」ということだろう。転に至る前の部分で既に多くの「わからない」を貯め込んでしまっているような場合、その心理状態のまま転の部分に突入しても大きな違和感を抱く可能性は低い。要するに、余計にわからなくなるというこことでしかない。こういうときでも、もし〈論理の展開〉という視点を持ち合わせていれば、転における違和感の発見の可能性が高まる。また、仮に起承の部分に違和感があったとしても、この視点の導入によって――より巨視的な視点を導入して全体を視ることによって――、転における違和感が浮き上がってきて、そこに劇的状況を感じやすくなることが期待できるのではな

[三三] 辻邦生　春の風駆けて　中央公論社　一九八六　一九四頁
[三四] 同右　二七七頁

いか。

すでに総論（1）で述べたように、詩『イナゴ』における転は、接続詞「でも」によって明示されている。それによって転は見つけやすくなっている。では『春』ではどうかと言えば、『イナゴ』よりは難しいのではないか。

視点〈論理の展開〉を持たないまま第三連に向かった読者は、第一連で雲雀、第二連で牛が登場することへのある種の違和感を抱いた状態のままで、第三連冒頭の「大きい美しい春」という表現に出会うことになる。すると、題名が「春」であることも影響して素直な気持ちで長閑な春の状況を受け入れることだろう。春の修飾が「大きい美しい」であるから尚更である。そこには、第一連において「おかん」の過酷なほどの肉体的精神的な状況がまずあり、その状況が第二連で農耕牛の鳴き声にじっと耳を傾けている心理状況へと継承され、それらを前提として「おかんの年がよる」と転ずることへの異物感はほとんどない。連の進行を、〈論理の展開〉という文脈として読んでいないからである。第一連ではこう言っている、第二連ではこう言っている、第三連ではこう言っているという並列的な羅列としてしか見ているからだ。

もしこのとき、「おかんの誕生日は何月だろうか」という疑問が生まれたとしたら、事態は変わるかもしれない。この問いかけは、授業構想にも活かせそうな重要なもので、ゆさぶり発問となる可能性も秘めている。おかんの誕生日が春であるとは限らないとすれば、「年がよる」のが「目に見える」という具体性をもって話者に迫ってくる原因を、第一・二連の中に求めようとする意識を生み出すきっかけになるかもしれないからだ。そこは確かに窓口であり鍵穴かもしれない。あるいは「この詩の中で一番大事な言葉は何か」という自問が生まれたとしたら、おそらくそれは「かなしい」か「おかんがみたい」であり、やはり最終行の一文に作者・話者の心情が結晶化しているのではないかとする読み方に収斂していくのではないか。そのことを題名「春」と連関させたら、何らかの違和感が生まれ、最終行に至る心理過程を冒頭からの内容を辿りながら読み直して、構造として見直そうとするようになるかもしれない。

このように仮に疑問や問題意識が先に生まれたとしても、さらにそこに視点〈論理の展開〉を導入して、前提となる動機や原因を意識的に文脈の中に探ろうとしなければ、解釈を先に進めることはできないだろう。「春がまわってくるたんびに年がよる」と言い切ることの不自然さ、「年がよるのが目に見えるようで」という言い方の具体的であることへの疑問、「なぜかなしいのか・・・さびしいやかわいそうではなく」などという問題意識は、一・二連と三連とはどういう関係にあるのかとする視点〈論理の展開〉なしには容易には生まれてこないだろうし、またその逆でもある。〈論理の展開〉という視点も、疑問や問題意識が伴っていなければ有効に働くことはないということだ。別の言い方をすれば、雲雀や牛の声に耳を傾けるおかんの心情についての問題意識も、おかんの次元に留めないで、そういうおかんの姿を想像している話者の心情へと角度を換えないと第三連の内容が見えてこない。つまり、第一連が二連へとどう展開しているか、一・二連を受けて第三連がどう展開しているかという論理の展開を見ようとする意識がなければ、せっかくの疑問や問題意識も意味を持たないままである。

結とは

この詩の「結」に当たる部分は、先ほど触れたように最終行の「おかんがみたい」である。話者の視点に立てば、「おかんがみたい」とする心理的行動課題は、未だ言葉の表象を持たないままの心理として第0行においてすでにあり、それが文脈の中で最終行に結晶化されて表現されていると捉えられるからである。詩『イナゴ』の場合は、「ぼく」という人物が登場し、その人物がどのような過程を経て成長し結実したかが、独白のか達で描かれていた。一方『春』における起承転結は、時間的に推移する展開ではない。語り手である作者・話者が、最終行の時点に至ってはじめて到達した境位というか達では表現されてはいない。一般的な印象に基づく春のイメージとは全く異なる「春」を、論理の展開として一気に提示しているのである。

起承転結の有効性

詩全体を文脈として解釈しようとするとき、〈論理の展開〉という視点を導入し起承転結の枠組みを用いることの有効性について、改めてまとめてみよう。

この視点と枠組みによって、詩『春』の解釈者に最初にもたらされる見え方の変化は、おそらく第二連が前後の連とどう関係しているかという問題意識ではないだろうか。連と連との関係性に目が向くということである。なぜ第一連のあとに牛が出てくるのか、なぜ牛が出てきた後に「おかんの年がよるのが目に見える」のかなどと、連と連との関係を読み取ろうとするだろう。そして、表現の結晶点がどこにあり、そこに向かってどのように内容が展開されているかを読まなければならないという意識が生まれるのではないだろうか。

連と連との関係性、特に前後の連関性の検討は重要である。解釈するに当たってこの意識を持たないまま疑問を出したり問いかけたりをするだけでは、例えば一連と二連との関係性は容易には見えてはこない。疑問は単発に終わる。

関係性とは、単純な言い方をすれば、一連があるから二連が成立し、一連と二連があるから三連が成立するというもので、それぞれの連は個々バラバラに並立しているわけではない、と見なければならない。そう聞けば至極当然の当たり前のように思えるかもしれないが、通常の目でしか見ていないときは、案外無意識に放棄されてしまっている見方である。詩は、坊主めくりのように、その時々に溢れる想いに任せて書かれてはいない。書き手の立場になってみればそれが当然で、綿密に考慮された論理の構築の結果であると見なくてはならない。

第一連で、長閑な田園風景の中でひとり気ままに野良仕事に精を出すおかん、というイメージを持ってしまった読み手は、第二連にいくと牛の声が聞こえる長閑な光景というイメージを継続しつつ、牛が登場することの不自然さには気づき難い。しかし、〈論理の展開〉という視点と起承転結の枠組みを適用して読もうとすると、第一連を前提として第二連が成立しているというのであれば、牛が農作業に欠くことのできない農耕牛であり、その鳴き声に耳を傾けるおかんの心理は何かと問いかけたくなってくる。鳴いている牛がペットの牛であるはずはないのだから。その観点から振りかえって第一連を見たとき、農耕牛がいないまま里から遠く離れた峠田でひとり、休み休み農作業に励むおかんがイメージされてくるのではないか。そして第二連のイメージも変容して、「あの牛がいてくれたらなあ」とひとり孤独に過酷な農作業に取り組む春先のおかんの姿が、浮かび上がってはこないだろうか。長閑なはずの春は、おかんにとっては過酷な時節の到来なのだと。

このように、前後件の関係性という観点から再吟味することによって、読み手のイメージが変容する可能性が高まる。視点〈論理の展開〉とは関係性への着目であり、前件があるから後件が成り立つという連関性、つまり展開構造への配視である。

最初は、ひとりのんびりと農作業に取り組むおかんの姿、牛の鳴き声も長閑に響く田園風景という一・二連それぞれについてのイメージは、大きく変容してくる。すると改めて「たった一人」とか「ないたら」の「たら」であるとか「余韻」などの語が、新たな意味とイメージをもって浮き上がって見え出してくるだろう。また、それらの展開が結晶する「かなしい」とはどのような内容のものであるかも深めてみたくなる。

これまでは、自分の母親がだんだんと年をとっていくことは「かなしい」ものだという程度の理解であったものが、牛の助けを借りることもできずにたったひとりで農作業をしているのであろう母親の姿が、鮮明に目の前に浮かんでくる。それほどまでの過酷な労働を母に強いてしまっている悔恨の想いを伴って、身を削るように働く母の姿が、押さえようもなく浮かび上がってきてしまうこの春という季節、それこそが私にとっての「春」なのだと作者は言う。こうして、穏やかで心浮き立つような季節としての春は、全く異なったイメージへと変化して見えてくる。

全体の結晶点である最終行「おかんがみたい」は、言葉にならない想いとして予め第0行に内在していた。その未だ言葉を与えられることなく心奥に蠢いていた深い想いが、「かなしい」という言葉に収斂し、はっきり「おかんがみたい」とする言葉となって結晶し叫ばれる。こうして、題名、第0行、第一・二・三連の内容と連関性が、文脈の中にひとつずつ意味付け直されて論理的な展開として見えてくるのだ。

ここまで三連または四連構成の詩を例に引きながら、〈論理の展開〉という視点や起承転結という枠組みを適用して解釈を試みる方法について述べてきた。この方法は、連にわかたれていない『クロツグミ』のような詩にも適用が可能である。また、長い物語で、六つの場面にわかたれているような場合にも、そして一部の短詩型にも適用が可能である。

視点〈論理の展開〉は、教材を構造として理解しようとする意識である。この視点を導入して構造を読もうとすることによって、教師の解釈とイメージが大きく変わり、世界の見え方が変わる可能性がある。その際、〈起承転結〉を論理的枠組みとして用いることも有効である。ただし、視点〈論理の展開〉も、疑問や問題意識が伴っていなければ有効には働かない。

視点3　作者の戦略を読む——自己と教材——

教材：みどり（内田麟太郎）

教材解釈における視点〈作者の戦略を読む〉は、自己と教材との関係性、あるいは距離感という問題と切り離して考えることはできない。

作者の戦略が何かを読み解くのだと聞くと、客観的な証拠集めをしたり徹底的に分析したりするようなイメージを持つ人が多いかもしれないが、ここに提示する視点〈作者の戦略を読む〉とは、そういう分析的な手法ではない。恣意的になりがちな解釈と客観的な分析とをどう統合するかということであり、延いては教師自身の生き方にも関わってくることである。そこで両者に触れながら、詩『みどり』[三五]を採りあげて論を進めていくことにする。

書き手が読み手に向けて、何らかの戦略を以て書くことは当然である。書き手は、読まれることを想定し、絶えず読み手の視線を感じながら書く。もちろん戦略は隠されているものであり、優れた文章であればあるほど気づきにくい。それを文学論的に意味づけて「異化」として

三五　教科書教材であるが、原典は、内田麟太郎　詩集『まぜごはん』所収　銀の鈴社　二〇一四

説明することもできるが、ここでは敢えて戦略という言葉を用いて説明してみることにしよう。

平仮名だけの違和感

詩『みどり』(内田麟太郎)は、平仮名だけで表現されている。平仮名で表記されていると、内容が平易である印象を受ける。読むと素直に春の緑溢れる風景が、目の前に映し出される。

みどり

みどり　まみどり
こいみどり
はるの　のやまは
よりどりみどり
みどりの　ことり
みどりに　かくれ
さがせど　さがせど
こえばかり

しかし私は、これほど戦略に溢れた詩はないと思っている。

まど・みちおの詩についても同様であるが、私達はどうしても、平仮名だけで書かれている詩は平易でわかりやすいと思いがちである。まず、これが最初の思い込みとなる。平易に見えるからこそ、内容としては相当に深いものが隠されているに違いない、と逆の前提から出発しなければいけない。

「みどり」と一言で言っても実は様々で、春の野山は多様な緑に満ち溢れている。緑色の小鳥もどこにいるのか声ばかりが響いて姿はちっともみつけられないほどだ。この詩を読んだときの一般的な捉え方はそういうものであろう。読者の頭の中には、緑溢れる春の野山と、鶯かメジロか、小鳥の姿もイメージされているかもしれない。しかし、そうやって具体的な映像が思い浮かぶものだから、この詩がなんだかすっかりわかってしまったような気分になるのではないだろうか。それこそが、作者の戦略でもあるのだが。

このとき、「よりどりみどり」がいかにも不自然な表現として見えているかどうかが、次の次元に行かれるかどうかのわかれ目だと思う。「よりどりみどり」は異次元への窓口なのだ。

そこで、この詩が平仮名だけで書かれていることへの違和感を持ちつつ、漢字も用いて書いてあったとしたらどうかなのか、実際に書き直してみた。すると、視覚的にも、「選り取り見取り」という語が詩の中央辺りに挿入されていることに対する違和感が、浮き立ってくるようである。この言葉を、単に語呂合わせの言葉遊びだと独り合点して、すんなりと通り過ぎてしまうのはいかにも詩人に対して失礼というものではないか。この「選り取り見取り」を、平仮名表記で「よりどりみどり」としたところにこそ、作者の工夫があるのではないか。つまり、「よりどりみどり」という言葉は、戦略的に選びとられた〈教材の核〉なのではないのだろうか。

緑

緑　真緑
濃い緑
春野の山は
選り取り見取り
緑の小鳥
緑に隠れ
探せど　探せど
声ばかり

平仮名は戦略

この詩の全体を平仮名表記することで、そして一行目から「みどり」を修飾しながら調子よく音韻を重ねてくることによって、その調子に乗った読み手は、「見取り」を思わず緑色と取り違えてしまう。錯覚の効果が生み出されるのだ。だからここは、漢字混じりの表記では駄目なのだ。平仮名だけで表記されたときに生み出される効果であり、漢字混じりでは単なる駄洒落にしか受けとられない言葉の並びが、まったく別の次元に変身する。そして、詩の前半で「選り取り」と「見取り」が平仮名表記されて「どり」「みどり」という言葉の連なりの中に紛れ込まされていってしまう。そこに姿が見えない緑色の小鳥が登場して、「選り取り」も「見取り」も緑色の小鳥も、そして「緑」も「真緑」も「濃い緑」も、皆「みどり」という音と平仮名の並びの中に紛れ込みながら、世界はそれこそ「みどり」に満ち溢れていく。

この「選り取り見取り」という言葉を思いついたとき、そして、それを平仮名表記して詩の真ん中辺りに配置し、調子よく緑色を幾重にも並べてきたり、小鳥の「とり」とも語呂を合わせたりしていけば、「どり・どり・どり・とり」と調子が揃って皆「みどり」の語感と色味の中に紛れ込んでいってしまう。それはまるで春の野山そのものではないか。そんなふうに着想を得たときの、思わず小躍りするように喜ぶ作者の姿が目に浮かぶ。詩『みどり』は、作者のこうした戦略に溢れた作品なのである。

視点〈作者の戦略を読む〉とは、こうした作者の工夫、ねらった効果、作為を読み取り、それを解釈に活かそうとする意識である。戦略に基づくことなく自然にそうなってしまっているような展開や中心人物がいるわけはないから、先述の視点〈論理の展開〉〈中心人物の行動課題〉

なども、戦略であることには変わりはない。しかしここで言う戦略とは、表象的な言葉の操作を意味している。音韻やオノマトペを多用した「ことばあそびうた」などが、そうした操作の最たるものである。

別の視点なら

もし仮に、詩『みどり』のようなこうした作品に、視点〈論理の展開〉〈中心人物の行動課題〉を導入して、解釈を試みるとどうなるだろうか。すると結局は、人物の言動やその動機を問題にすることになる。「よりどりみどり」までの前半四行は、術語部分が省略されている。第0行には、春の野山の緑の中から「緑色を一つだけ選ぶ」という行動課題が隠されており、それに対応して術語部分としては「選びとることができない」という状況がくるはずである。後半四行の話者の言動は「さがせど」である。話者は、緑色の小鳥の所在を探し出そうとする行動をしているわけである。なぜ探そうとしているかと言えば、鳴き声だけが聞こえているのにどこにいるかはわからない小鳥の鳴き声への気づき。見えないのに「みどりのことり」と書いているのだから、話者は鳥の声から種類の特定は一応できていて、その体色が緑色であることは既に知っているのに、それを鶯とかメジロとは明記せず、敢えて「みどりのことり」と表記する。後半部分におけるこの行動課題を、前半の選びとろうとする行動の動機として意味づけるような〈論理の展開〉として読もうとすると、小鳥の鳴き声を聞いて、その種類が特定できているのに、鳥の種類を書かずに敢えて「みどりのことり」と表記する意図がきちんと説明できなくなってしまう。

このように、詩の前後半の内容を、話者の行動課題から解釈したり、論理の展開として解釈しようとすると混乱するばかりである。要するに前後半は一連の課題解決行動ではなく、主題に関わって並立的に述べられた状況なのであり、それが音韻を重ねることでもたらされる効果を意識的に用いて描かれた作者の戦略として読むべきなのである。

視点〈論理の展開〉〈中心人物の行動課題〉を用いても一定の解釈は可能であるが、成り立つ解釈では、音韻を重ねることで生まれてくる調子のよさや選り取り見取り（よりどりみどり）を緑色と勘違いさせることの面白さなど、この詩が持っている独自性は二の次にされてしまう。それは、作品への筋違いな分析であるし、言葉の調子を純粋に愉しんで読んでいる子ども達を、奇妙な深刻さへと導くような授業につながってしまうのではないだろうか。この詩の解釈には、視点〈論理の展開〉や〈中心人物の行動課題〉は適さないのである。

戦略の向こうに

詩『みどり』所収の詩集『まぜごはん』には、読んでいて心が弾んでくるような傑作詩が多い。「とちる1」などは思わず笑ってしまうし、「うしかもしか」「トノサマバッタ」「われ」など調子を出して読んだ後で、ちょっと何か考えさせられた。そこには単なる駄洒落だけではない何かがあるように思われた。確かに内容がどうこうと言うよりは、言葉の調子を遊ぶことが最優先だろうけれど、それだけではないようなものが残る。

私は先にこの詩人の戦略とか言葉の操作について書いたが、そういうものが全くない創作などはあり得ない。ただし、それらがあからさまなものが上質でないことはま違いない。要は教師が、「みどり」「よりどりみどり」「みどりのことり」というような作者の工夫について、単なる駄洒落だと捉えるか、それともそこにこそ教材の価値を見いだすかが、その後の授業構想に大きく影響してくるのではないかと思う。そういう意味からすると、詩集『まぜごはん』所収の『みどり』に付けられた長野ヒデ子の挿絵は、おむすびのような形をした重なり合う三つの山の空に、ミミズみたいな三本線（雲？）があるだけのものだが、これがまた面白い。線描だけで着彩されていないから、余計に想像を駆り立てられる。それに対して、教科書の挿絵は酷い。庭の花壇に種まきをする父親と少年、向こうには小枝に触れようと背伸びする妹とその足下に猫が描かれている。こういう絵は、詩の主題とズレている上に、詩を単に春探しのきっかけ作りに使おうとするような浅はかな発想のものである。

この詩に出会うまで、私は内田麟太郎という詩人を知らなかった。詩『みどり』を読んだときも、最初は単純に駄洒落好きなだけの人としか思えなかった。しかし解釈してみると、その戦略や言葉の操作の向こうに、単純な駄洒落だけではない何かがあるように思えてきた。そして、詩集『まぜごはん』を読み進めているうちに、何度も立ち止まって考え込んでしまった。

そこには、寂しい美しさがある。まだ読んでいない人にも紹介したくなってきた。詩『みどり』にも語呂合わせだけの表面的な面白さを超えて、春の野山に溢れる緑の無限の多様性と重層性が表現されている。私達は野山の緑の豊かさについて、一応は知っている。それでも、この詩に接して改めて自分を確かめるように味わってみると、野山の「みどり」は実に奥深い。私事になるが、最近秘湯と言われる山奥の温泉宿に泊まる機会があった。豪雨の中での強行軍であったが、雨上がりに見る山々の緑の多様な美しさと深さに、改めて見入ってしまったのだった。この詩に出合い、解釈したおかげだったと思う。今まで知っていたはずの野山の緑の豊かさを、改めて知ることができたし、その光景は一生涯忘れることがないだろう。

自己と教材との関係性

さて、ここまで教材解釈における視点〈作者の戦略を読む〉について述べてきたが、この視点は、解釈者が教材の外側に立って対象となる教材を分析するという印象を持つのではないだろうか。それ対して、視点〈中心人物の行動課題〉や〈論理の展開〉などは、教材の中にどっぷり入り込んでしまう方法かと言えば、決してそうだとも言い切れない。つまり、解釈者である教師と教材との距離感がどうなっているかという問題について考えてみる必要がある。教材解釈のあり方や方向性は、その後に想定する授業形態と大いに関連がある。自己と教材との関係性が、授業構想に影響しないわけはないし、授業の目標設定を決定づけているとも言える。
そこで、解釈者である自己と教材との関係性について考えてみよう。そのことによって、視点〈作者の戦略を読む〉が、教材の外側から、対象である教材を客観的に分析する方法とは異なるものでことを明らかにしたい。

図A：分析型

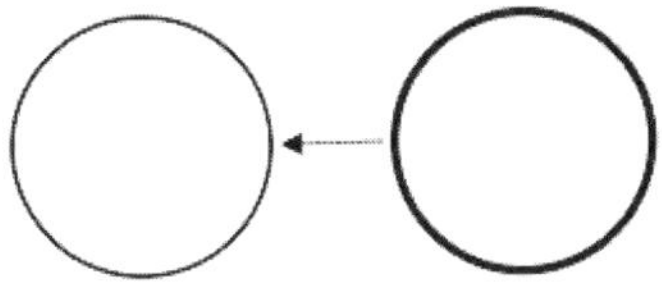

図B：解釈型

図C：表現型

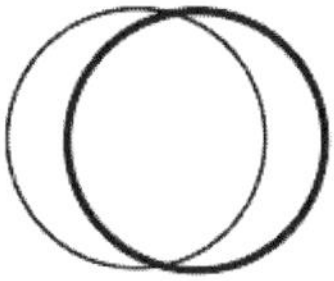

図：自己と教材との関係性（授業の類型）

授業と教材解釈の型を、便宜上次のように、分析型・解釈型・表現型の三つに類別してみることにする。ＡＢＣのそれぞれの図で、向かって右側の太い実線円は自己（＝教師）を、左側の細い実線円は教材を意味している。

意識的であれ無意識的であれ、想定される授業形態の違いによって、原学習として行う教材解釈の方法も自ずと異なっている。教材解釈において視点〈作者の戦略を読む〉を導入する方法は、一見して分析型（図Ａ）に属するかのように見える。しかし、実は視点〈中心人物の行動課題〉〈論理の展開〉と同様に、視点〈作者の戦略を読む〉方法は、いずれも解釈型（図Ｂ）に類別されるのである。私達が今目指そうとしている授業と教材解釈はこの解釈型であるが、陥りやすい問題点を予め指摘しておくとすれば、解釈型を目指しているのに、教材研究が分析型だけに留まってしまうようなことがある。その原因は、後述するように出発点が疑問か否かである。

目指す授業

分析型の授業と教材研究においては、教材を客観的に対象化して自己の外側に位置させ分析しようとする。教材（＝作品）を取り巻いている社会的な背景や環境、作品の制作過程を明らかにしたり、教材の言語構造についてなるべく客観的に分析しようと、ある決められた手順や方法を適用したりして批評する。そこでは教材のもつ価値や内容が、教師自身の世界観や価値観にどのような影響や変化をもたらすかというような自己省察は行われない。

表現型（図C）の授業と解釈においては、教材の内容が自己にどのような影響や変化をもたらすかが最も問われる。教材の内容を自己の血肉と化し一体化させた上で、それを他者に向けてどう表現しようかと工夫する。そうした傾向が行き過ぎると、言わば陶酔的な没我の状態が生まれてしまい、反って相手に伝わらない独りよがりな表現に陥ることがあるため、必然的に、鑑賞や表現活動では味わったり伝えたりするための技術やコツや修練のためのシステムなどが問題とされる。型から入る、というような言葉もよく聞かれる。

このように、分析型や表現型では、必ず技術的な側面が重視されるのであり、一定の定式化された方法論も成立する。例えば、向山型「分析批評」の授業で盛んに実践された話者の視点であるとか一〇〇の発問作り、あるいは音読指導によく見られるステップアップによるシステム化などである。

一方解釈型の授業や教材解釈は、分析型と表現型の両方の要素を含み込み両者に跨がりながらその中庸をいくイメージである。解釈型の提案する〈中心人物の行動課題〉〈論理の展開〉また〈作者の戦略を読む〉などの視点は、その視点だけを尖鋭化すれば分析型の方法に留まってしまうかもしれない。また、教師自身の独創的な読みやイメージを強く打ち出す方向へと尖鋭化させた解釈は、表現活動における演出指導には貢献するものになるかもしれない。解釈型授業のための教材解釈は、その中間を行く。分析的視点をもちながらそこだけに留まらず、演出指導のための構想も可能にするような教材解釈の方法である。

出発は疑問から

解釈型授業の原学習としての教材解釈では、視点〈作者の戦略を読む〉も導入するが、分析のみには留まらないと述べた。なぜならそれは、解釈の出発点が疑問であることに尽きる。図Bに示すように、自己と教材との接点こそ、疑問であり、解釈への窓、糸口、鍵穴である。この接点は、ひとつだけではなく複数個存在する。解釈者は、固い殻で閉ざされた教材の本質への鍵穴を、こじ開けるようにして教材の中に飛び込む。上手に飛び込むことができたら、教材は少しずつ動き出し徐々に全体の姿を露わにしてくる。しかし、この鍵穴は容易には見つからない。合わない鍵穴に躍起になって鍵を差しいれようとしている場合もあるだろう。例えば、残雪の内面を想像して、大造じいさんの変化の根拠とするような読み取り方である。

鍵穴を見つけて教材の中に入り込むことができれば、様々な視点を適用して解釈することが可能になる。一方、意味ある疑問の窓がみつからないまま、教材の外から表面を撫で回すような方法だけを適用してみたり、とにかく闇雲に一〇〇個の発問を作ってみたりしても、徒労に終わることが多いのではないか。確かに凡ての情景は主題の光に照らし出されているはずであるから、どこに目を凝らしても自由なのだろうが、物語であれば〈中心人物の行動課題〉に着目し、言動に注意を払おうとする意識が働いていなければならない。その場合にも、出発点は

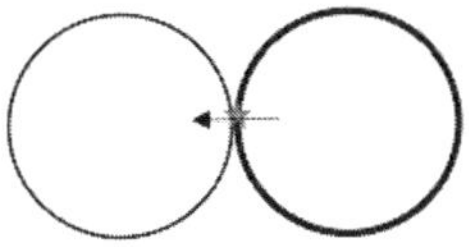

疑問である。〈論理の展開〉について見る場合も〈作者の戦略を読む〉について見る場合にも、出発点は疑問でなければならない。

疑問がどういうかたちで解釈者にもたらされるかは、その時々によって異なるとしか言いようがない。鍵穴となるべき疑問はいくつか存在するはずだが、例えばごんぎつねが「しだのいっぱいしげった森の中に、穴をほって住んでいました」というとき、この「穴をほって」に直観的に目が行くかどうか。それは、「自ら」とか「自分で」と補ってみるとよくわかる。「しだのいっぱいしげった」ほの暗いじめじめした場所に、なぜわざわざ自分から（たぶん一人で）「穴をほって」暮らそうとしたのか、そういう疑問を抱くことができるかどうか。その疑問こそ、中心人物であるごんぎつねの心情に入り込んでいくための鍵穴であり窓である。その窓から教材の中に入っていき、そういう不自然な行為をとるごんぎつねは、何らかの行動課題をもっているはずであり、その課題がどう壁に突き当たりどう克服されていく展開になっているか、あるいは作者は冒頭にどのような人物像を提示しようと目論んでいるのかなどと、解釈の道を進めていくためには、凡ての出発点は直観的に発見された疑問――最初は直観的に端緒への引っかかりとしてもたらされ、次いで問題意識へと膨らむ――でなければならない。

だからと言って、直観的に疑問を発見するにはどうしたらよいか、と質問されても困る。勘が働くとしか言いようがない。勘は自ずと働くわけで、意志の力を使って働かせるわけではない。着想なども総てはそのようなもので、あるとき唐突にあちら側からもたらされる受動的なものなのである。詰まるところ修業するしかないのだが、この辺りの事情は内田樹の説明で大いに合点がいった三六。この勘が働くという問題については心身論の観点からいずれどこかで論じたいと思っているが、ここではこれ以上は触れない。

双方向的な連関性

視点〈作者の戦略を読む〉は、一見分析型の方法のようであるが違う。分析型の場合は、いきなり方法を適用しようとするが、視点〈作者の戦略を読む〉の場合の出発点は疑問である。疑問は、「なぜ平仮名だけで書かれているのか」であったり「鶯とかメジロと書かずに「みどりのことり」と書いているのは変だ」であったり「「よりどりみどり」「みどり」は緑のことではないのになぜかそう感じてしまう」であったり「この詩で「どり」とか「とり」とか似たような音が多いのは不自然だ」であったりするだろう。

そのような疑問という鍵穴から教材の中に入り、視点〈作者の戦略を読む〉を働かせ始めたある瞬間から、自己と教材との間に双方向的な連関性が生じる。自己と教材とが視点の働かせ

三六　内田樹　修業論　光文社新書　二〇一三

方に応じて深浅を繰り返しながら互入する。これに対して、教材を自己から離し客観化し分析だけしようとするような関係性においては、働きは自己から教材へ向かう一方向的な動きだけである。一方向的な分析だけでは、教材という「存在を自己において確認し、その周囲に常に新しい展望を拓く」[三七]ことはできない。

教材解釈とは、教師が教材との出合いという体験を、解釈という行為をとおして自己への否定を徹底することで経験として自覚することである。そういうことの確かな実例を、私は武田常夫の実践の中に見る[三八]。武田は、教材と格闘し葛藤し苦悶しながら、それまでの自分の解釈を根本から吟味し直す。自分が読み取りわかったと思ったことを問い直したり、読み落としていたことを探し出そうとしたりする。こうした吟味の過程は、従来の自分自身を徹底的に否定していくことに他ならない。自己への否定を徹底することによって、教材解釈を経験として自覚するのである。

三七　森有正　思索と経験をめぐって　講談社学術文庫版あとがき　一九七六

三八　武田常夫の諸著作を参照のこと。例えば、文学の授業　明治図書　一九六四、真の授業者をめざして　国土社　一九七一、イメージを育てる文学の授業　国土社　一九九二　など。

視点4　言葉の意味——理解の変化と地下水脈——

教材：おさるがふねをかきました（まど・みちお）
あなたに会えて・・・（山崎朋子　作詞作曲）

読んでわかったつもりになっている文章から、より深い新たな意味を見つけ出すことは、非常に難しい。本著で提示している他の視点も、そこを突破するための方法なのであるが、視点〈言葉の意味〉は、ある一つの言葉について、読み過ごさないで立ち止まり意味ある言葉として見ようとするような意識、そして、わかったつもりになっている言葉から別の意味を探り出そうとするような意識のことである。

しかし教材解釈の過程で視点〈言葉の意味〉を用いることは、実際にはかなり難しい。そもその言葉を、読み過ごしていたりわかったつもりになっていたりするわけであるから。例えば、全く知らない虫や鳥の名前が出てきたり、幻惑的韜晦とか囲繞するとか、何と読むのかさえわからないような表現が出てきたりすると、そういう言葉に目を奪われてしまい、知りたいと強く思ったり調べたりするのが人情というものである。さらに厄介なことには、着目した言葉が教材の重要語句かと言えば、必ずしもそうでもなかったりするから。

私達は、その都度目にするひとつひとつの言葉の表面的な事実に目を奪われがちなのである。

言葉達は、主題の光に照らし出された顔つきを、行儀よくこちらに向けながら佇んでいる。けれども私達は、正面に見える言葉の事実の顔つきにだけ目を奪われて、その側面や裏側に光を浴びずに隠されている事実の可能性には、目が行き届かない。何よりも問題なのは、言葉を眺める私達の目が曇っているか、絶えず何かに囚われていることである。

　言葉という事実は、意味の多面体。事実とはそういうものであり、ひとつの言葉には様々な意味が込められている。あるときは物足りないという顔つきで、あるときは孤独の顔つきで、またあるときは人気のない様子を纏いながら、「さびしい」というひとつの言葉が、そのときそこに佇んでいる。読むという歩みの途上で、解釈者はその「さびしい」というひとつの言葉と出合う。ある人には、それが物足りないという意味に映る。ある人には孤独という意味に映り、別のある人は気にとめることもなく通り過ぎていく。詩の中の「さびしい」という言葉は、そのようにして佇んでいる[三九]。何気なく歩を進める読者は、言葉のひとつの側面だけを見たり眺めたりしながら通り過ぎるのである。

　「さびしい（さみしい）」と感じたおさるが、自分の描いたふねの絵に、何を思ったか尻尾を一本つける。そのなんとも不可思議な絵を、ほんとに上手に描けたと思い逆立ちまでするので

三九　まど・みちお　おさるがふねをかきました　まど・みちお全詩集　理論社　一九九四

おさるが　ふねを　かきました
まど　みちお

ふねでも　かいてみましょうと
おさるが　ふねを　かきました

けむりを　もこもこ　はかそうと
えんとつ　いっぽん　たてました

なんだか　すこし　さみしいと
しっぽも　いっぽん　つけました

ほんとに　じょうずに　かけたなと
さかだち　いっかい　やりました

ある。ここでひとつの言葉「さびしい」に一旦足を止めた者にとっては、その後に続く尻尾を付けたり喜んだりするおさるの行動が、いかにも不自然なものに思えてくるだろう。そして、冒頭の「ふねでも」と思いながら描き始めるときのおさるの心理にも目が向いていくことだろう。このように、初めはそっと佇んでいた言葉と言葉が、あるひとつの言葉の井戸を掘っていくことで、同じ地下水脈でつながっていることに気づき始めていくに違いない。何気なく佇んでいるように見えていたひとつずつの言葉が、文脈の中に位置付いて見えてくるに違いない。

視点〈言葉の意味〉を導入し、事実の多面体としてのひとつの言葉について、今ここで光が当たっているのはいったいどの面なのかを検討し明確にすることによって、言葉の意味の理解に変化が起こる。そして、言葉の意味の理解が変化すれば、それに伴って詩全体に対するイメージも変化する[四〇]。なぜなら辻邦生が言うように、すべての情景は主題の光に照らされているから。

解釈の河を渉る

私は幼い頃近所の河でよく遊んだ。河は木曽川の支流で、泳ぎも結局そこで覚えた。向こう岸に歩いて渉ろうとすれば、知らず知らずのうちに飛び石の位置を目算したものだ。一歩目はあそこに右足、その次はあそこに左足、次は両足で立ってからあの石へと、そのときの自分の体力とそれに見合う飛び石の位置関係とを、ちゃんと目で計算していたということだろう。自然の中で学びながら、いつの間にかぴょんぴょんと渉ってしまう力を身に付けてしまったのだ。おかげで、大人になってからも石だらけの川原を歩くことは、案外平気である。

転校生で前の学校では一メートルも泳げなかった私が、ひと夏で二五メートル泳げるようになり、夏休み後の学内水泳大会でいきなり新記録を出してしまったというのも、この河でのひとり練習のおかげだった。川縁の水たまりのようなところで数メートルくらい泳げるようになった私は、今度は河の中に点在する石を次々に目標にしては泳ぎ、やっとの思いで向こう岸ま

四〇　参照：平田治　対立による授業の展開を求めて（上）　事実と創造九八号　一莖書房　一九八九　二九―三六頁

で辿り着いたりしながら泳げる距離を伸ばしていった。途中で中継地点のようにしてしがみつく石は、ちょうどつかまりやすい大きさや形を選んだものだし、少し経ってからは水面から見えないが、水底にある平らな石を中継地点にしてそこで一旦立ち、気を取り直しはまた次を目指す。流れがあるから、その石があるらしい辺りの少し上流をめがけて泳ぎだし、流されながら四、五回ほど手でかくと、ちょうど石の上に立てるようにと目算をつけてスタートするのである。

ところがあるとき事件が起きた。大水の数日後で、やはりその辺りで立とうとしたところ、当の石は流されてしまったらしく、ずぼっと水中に頭まで沈んでしまった。焦った私は、流されながら必死に手足を動かしているうちに、気がついたら向こう岸まで泳いでしまっていた。結局そんなことが二五メートル泳げるようになったきっかけだったように思う。向こう岸まで泳げるくらいになってしまうと、今度は流されながら泳ぐことを楽しんだり、数メートルも潜って川底の石を掴んで上がってきたりして遊んだものだ。そうやって、泳力は知らぬ間に向上していったのだと思う。河に潜ると、魚達が自分と同じように上流に頭を向けながら泳いでいるのが見えたりして、なんだか同じ仲間になったような気分だったことも覚えている。

そんな河でのことを思い出しながら、解釈のことに寄せて、今まで述べてきたことを再確認しておきたい。仮に解釈という河があったとして、こちらの岸から向こう岸へ渉ることを想像してほしい。無闇矢鱈に渉ろうとして足を踏み入れても、どこか確実な足の置き場を確保しないかぎり、わけがわからなくなって流されたり立ち往牛したりするに違いない。確実に足を置くことができる飛び石をみつけながら、渉って行くしかない。その飛び石は、自説の根拠となる言葉である。川の中に点在する数個の飛び石に脚を順に置きながら、自分なりのコース（＝論理や文脈）を作って渉って行くというイメージである。

今渉り方に①②③の三通りのコースがあるとして、根拠となる言葉の飛び石はABCDEFGHの八個があるとする。コース①は、AだからBをしたのだ、そしてBをしたからCということになったのだ、とABCの三つの言葉の飛び石を手がかりにして論理を作って向こう岸へ辿り着き、この渉り方が一番よいのだと自説を主張した。コース②の人は、最初はDをして次にBをした、だから最後はEになったのだと、DBEを根拠にして論理を作った。コース③は、FだからGだ、ということはHなのだとFGHを根拠に論理を作って主張した。コース①はA→B→C、コース②はD→B→E、コース③はF→G→Hと言葉の飛び石を組み合わせて自説を主張している。お気づきのように、コース①と②は、共通の根拠Bを持っているが、コース③は①②とはまったく別の言葉を根拠にしている。こういう場合、①と②は議論することができるが③とは議論ができない。

同一根拠の吟味

議論するまたは議論ができるという前提は、双方に共通の根拠がある場合である。テレビなどで見る最近の政治的問答は、ほとんどが①や②の問題提起に対して③を提示して反論するやり方である。論点ずらしと指摘されても仕方がない場合すらある。それもひとつの政治家的手法というものなのかもしれない。要するに互いに主張するだけで、どちらが真実に近いかは問題にならない。しかし議論を通して真実を探求しようとするときは、検討の対象は共通に根拠としている事実（言葉）であり、そのどちらの理解の仕方により正当性があるかでなければならない。

解釈の河を渉るために足を置く飛び石は、その説の根拠となっている語句である。①と②は、同じBを根拠にしている。同じ語句を根拠にしていながらどうして解釈が異なるかと言えば、根拠であるBすなわち言葉という事実は、意味の多面体だからである。

例えば、Bが「さびしい」という言葉だとすると、この言葉の意味はおよそ三面ある。詩『おさるがふねをかきました』の第三連にある「さみしい」は、賑やかとは反対の意味でないことは明らかだが、ひとりぼっちでさびしいということなのか、それとも物足りないということなのか、いったいどちらの面に足を置けば正しい文脈として理解され得るのか。コース①はひとりぼっちを意味するさびしいだと主張し、コース②は物足りないという意味だと主張する。第三連のこの言葉だけを見れば、双方ともまちがってはいない。それがいったいどちらの意味で使われているかは、前後とつなげた文脈によって決定されてくるのである。解釈では、そういう問題を探究しておかなくてはならない[四一]。

「さびしい」という言葉は、言わば意味三角形の形をしている。その三角形の石のどの面に足を置いて論を進めて行くか。①か②を主張する人達同士は、三角石のどの面を使うことが妥当かについて話し合うことができるということである。「さびしい」の前後の文脈から、いったいどの意味を当てることがより正しい理解と言えるかについての検討が可能となる。だが、③とは共通する石＝根拠がないため真正の話し合いにはならない。③は①②に対して、ひたすら自説を表明し続けるだけである。

話し合うとか議論するとかよく言われるが、どちらの主張がより正しいかを話し合うためには、なにか共通の土俵に乗るものがなければならない。子ども達が自説を述べ合う授業がよくあるが、それぞれがまったく別々の根拠に基づいて意見を表明し合っているだけでは、本当の話し合いとは言えない。意見を交流し合うことが悪いわけではなく、そのことによって刺激を受けて自説を深めることはあるとは思うが、課題解決に向けて話し合うとはそういうことではない。世に言う政治討論会では、政治家同士が何時間も喋り合った後に、なぜか何も残らないような感覚に陥るのは、議論議論と言いながら異なる土俵で自説を述べ合うだけだからである。

四一　この詩はかつて小学校一年生の教科書に掲載されていた。だからと言って、この問題について小学校一年生が話し合う授業を想定しているわけではない。

コース①と②のどちらが妥当かをめぐって、根拠Bについて行う探究は、確かに教材のある一部分に対するものでしかない。しかしたった一つの語彙に関する追求であったとしても、その言葉は、主題の光に照らされた情景としての一つの言葉なのである。たった一つの言葉の検討が、結局のところ全体に及び、教材の中心へと向かう。全体とは文脈のことであり、文脈の源は主題である。したがって原学習としての教材解釈においては、コース①②③を想定して、Bのような追求対象となる言葉を発見しておかなくてはならない。

余談になるが、以上のことを図に表し、「君よ解釈の河を渉れ」と題して提示してみたことがあった。北海道で開かれた解釈の勉強会ということもあり、高倉健のファンでもあったので、日高を舞台にした西村寿行原作『君よ憤怒の河を渉れ』に擬えて出してみたのだが、誰一人として私の洒落を解してくれる人はいなかった。空振りした洒落ほど哀しいものはない。もちろん、「川」と「河」、「渡る」と「渉る」は意識的に区別した。文脈の河の流れの中を、自分で足許を確かめながら一歩ずつ歩を進めて渉って行くという意味を込めて使ってみたのだったが・・・。

夜でも昼でも

視点〈言葉の意味〉に即して、『ごんぎつね』で取り上げた「夜でも昼でも」などについても、再考してみよう。

よく使われる言葉に「夜となく昼となく」があるが、「夜でも昼でも」もほとんど同義だと見ていいだろう。ごんぎつねは夜と昼との区別なく村に出て来るという意味であるが、それで意味が一応はわかる。だがそこで、わかってしまってはいけない。一晩中出て来るだけでも異常な行動なのだが、狐であるごんが昼に人里に出没することは異常中の異常なことだ。その目的が何かと言えば、いたずらをすることである。しかも、いたずら「ばかり」だから、するのはいたずらだけだということなのだ。すると、夜と昼とが単なる並列ではなく、昼までも行動する異常性がさらに浮き立ってくる。通常使われる「夜となく昼となく」は、昼間にやるべきことを夜もぶっ通しで行うというニュアンスがあるが、ごんの行っているいたずら行動はその逆をやっていることになる。ふつうなら誰がやったのかばれないようにやるのがいたずらなのだが、ごんの場合は、誰がやったいたずらなのか、村人達からわかるようにするために、昼までも出かけて行くのではないのか。そういう想像までも生まれてくる。

こうして、「夜でも昼でも」という言葉に対して抱いた違和感が、その語の通常の使われ方と対比をしながら検討することや、別の語句とのつながりを考えることによって、意味の多面性が見え、「夜でも」よりも「昼でも」の方により異常性が表れおり、「でも」が単なる並列的な繰り返しではなく「夜どころか昼までも」という意味であることが明らかになってくる。それに伴って、「少しはなれた」「ひとりぼっち」「穴をほって」であるとか、「ほりちらす」「火をつける」「いたずらばかり」などの他の言葉と地下水脈のようにつながっていることが浮かび上がってくることで、ごんについての「いたずら好きの子ぎつね」だという当初の単純なイメージは、大きく変化するに違いない。

ここでは「夜でも昼でも」を窓口として説明したが、「いたずらばかり」が窓口になる場合もあるだろう。違和感を覚えたひとつずつの言葉の意味を、少しずつ井戸を掘るように検討している最中に、それらをつなぐ地下水脈＝文脈を探り当てることがたいせつなのだ。

類語と比較

視点〈言葉の意味〉の適用に際して、類語との比較検討によって意味を限定する方法もある。例えば、啄木の短歌『ふるさとの訛なつかし・・・』に出てくる「訛」と「なつかし」である。この二語については本稿の別のところでも詳しく述べているが、類語との比較をすることで、その言葉が持っている特性がはっきりする。例えば、「訛」と「方言」、「懐かしい」と「恋しい」、「大きな」と「大きい」[四二]などである。

私達は日常生活において、これらの類語を上手に使い分けている。「あの人の話し方は少し訛っている」とは言うが「あの人の話し方は少し方言っている」とは言わない。「あの人はときど

四二　平田治　対立による授業の展開を求めて（下）事実と創造一〇三号　一莖書房　一九八九　四六—五〇頁

き方言を使う」と言い、「あの人はときどき訛をしゃべる」と両方を微妙に使い分けている。あるいは、「これは大きな筈だな」と言ったのに対して、「そうだね、大きい筈だね」と答えたりして違いについてほとんど意識しないまま平準化して会話を交わしてもいる。解釈においては、その無自覚的で自動化された状態に棹さして、自動装置を一旦停止させ、意図的に使われたその言葉の真意を解き明かさなくてはならない。

文脈を読む

違和感のある言葉に一応は眼がいっている場合の探究について述べてきたが、そもそも核である言葉に目がいかないという状況とはどういうものかについても考えておきたい。

詩『クロツグミ』(高村光太郎)の解釈で、次のような見解を記した人(Sさん)がいた。レポートには、次のように書かれていた。「この詩の最初と最後の言葉はクロツグミである。この短い詩で題名も含めると三回も使われている言葉である。それだけ高村光太郎氏は、クロツグミにまたはその鳴き声に思いを馳せたのだろう。「クロツグミなにしゃべる」は、高村光太郎氏がクロツグミに問うて「さうなんか、クロツグミ」で納得、解決している。ということはクロツグミからの答えが間に書かれている。」と、レポートではそのように述べていたMさんであった。が、他の人達と検討していく中で、自分の解釈に幾度となくゆさぶりをかけられることになった。

他の人達と共に検討していく中で、Sさんが自身の解釈を揺さぶられたのは、「おや」という言葉への気づきだった。彼の解釈を見ると、全体を大きく眺めて捉えようとする意識は働いているようであった。詩の冒頭でクロツグミへの問いがあり、途中にそれに対する答えがあり、最後は納得し最初の問いが解決しているというのである。しかし「おや」という言葉で、前件が転換されていることにはまったく気づいていなかった。この詩を、視点〈論理の展開〉を導入して検討してみればわかることであるが、「おや」は転換を示す重要な言葉である。Sさんは、それをまったく無視してしまっていたのである。なぜそうなってしまったのか。原因はいくつか考えられる。

一つは、クロツグミという鳥について、Sさんはまったく無知であったことである。レポートには、「クロツグミという鳥は、今現在、人々に周知されているのか。自分は、ツグミという鳥の名は、「美味しんぼ」という漫画で知った程度である。ましてや、クロツグミは、この詩で初めて知ったという程だ。高村光太郎氏が生きた時代や住まいの周りにはクロツグミはよく見かける、珍しい鳥ではなかったのだろうか。」と記しているし、その後の検討会では、「おや」という言葉に着目すべきだったと感想を述べておきながら、それでも「この詩の授業をするなら、自分はクロツグミの情報は、子どもに何も与えずにやりたいです。そしてある程度授業を進めてからクロツグミの情報共有の基盤を学級で揃えて」やりたいとも述べている。つまりクロツグミという名の鳥がいたこと、その鳥はよく囀ることで知られていたことなどが、Sさんにとっては全く未知で新奇に富んでいたものだから、子どもも多分知らないだろうとか、知らないことを前提にして授業を構想しようとか、クロツグミに拘りすぎてしまう発想からどうしても逃れられなくなっていたのである。

二つ目の原因は、全体構成への配慮はあるものの、視点〈論理の展開〉を適用して起承転結で説明可能かどうかを検討していないことである。詩は、論理が展開されているものだという捉え方ではなく、問いがあり答えがあり解決があるという道筋とか経緯として、あるいは心理の移りゆきとか流れとして捉える意識の方が強かったこと。簡単な言い方で言えば、詩を、構造物と捉えないで流れと捉えてしまっていたことである。

原因として考えられる三つ目としては、句読点の意味に注意を払っていなかったのではないかということ。この詩の中間部分には、クロツグミの聞倣が読点のみで区切られて連続して示されている。Sさんは、句点に着目して全体が三部構成になっていると分析しておきながら、読点には着目していないように見える。これはもしかすると、見た目からそのように捉えているだけで、もともと句点や読点の意味についての配慮は薄かったのかもしれない。

このようにSさんの勉強会前後の解釈や反省を見てみると、クロツグミに関する知識、全体構成の流れ、句読点の存在、「おや」に着目する必要性など、それぞれの事柄についての認識は一応あるものの、それらを関連させて捉えようとする意識が不足しているように思われる。それぞれの言葉の意味と、それらをつなげて文脈として捉えようとする意識が希薄だったのではないか。疑問や言葉の意味が、つながりを持って見えていなかったということだ。

Sさんは、クロツグミが鳥の名であるらしいことは予想できたが、初めて聞く名であったために、詩の中味よりもその鳥の生態に興味がいってしまった。また、「なにしゃべる」という語句に注目はしていたが、「しゃべる」のほうに眼が行ってしまい、「なに」こそが問いたい中味であることを見落としてしまった。そしてその問いについては、なんらかのかたちで解決されているはずだと思い込んでしまった。句読点によって全体が三部構成になっている（中間部は読点によって連続している）ことは一応見えていたが、中間部にある答えの中味を考えようとしなかった。その思い込みがあったために、「おや」という語が、意外なものや予想外なこととの出合いに用いられる言葉であることは承知していながら、話者の心理がそこで転換していることを表す重要語句だとは捉えることができなかった。

Sさんのこの事例は、ある特定の言葉の理解面だけが変化したとか複合化したというものではなく、今まで見えてはいたし知ってはいた言葉の意味が、改めて思考の対象になった結果、前理解へのゆさぶりがかかることによって新たな論理構築へと向かおうとしたというものである。別言すれば、知ってはいたが深い意味については考えていなかった言葉（語句や句読点）が、他の言葉との関連を考えることによって、文脈の中に新たに意味を持つものとして見えるようになってきたという事例である。

教材の核となっている重要な語句は、物語や詩の最初から最後に向かって経過する時間の流れに乗って現れては消えていく漂流物ではなく、ひとつひとつが断ちがたく結び合う連関性の中に位置づいていると見なければならない。流れに棹さして、その意味を問い直さなくてはいけない。

もちろん核となりそう言葉にふと足を止めることができるようになるには相当年季が入る必要があるだろうし、日本語に関する基礎的な知識はある程度持ち合わせていなければならない。「も・〜てみる・でも・が」などの語彙、特に助詞助動詞形容詞接続詞、句読点や鉤括弧、片仮名表記、ダッシュ(——)などに注目して意味を探ろうとするべきだ。

〈言葉の意味〉の理解が変化するとは、ある言葉について従来とは別の事実を発見し、文脈の中に位置づけて新たな論理を作りイメージを変化させることである。すでに知っていた言葉の意味に、別の側面があることを知ることで論理に矛盾が生じたため吟味し直すというような場合もあれば、それまで素通りしていた言葉に、意味を感じて新たな論理を作ろうとするような場合もある。いずれの場合も、一見お行儀よく並んでいる言葉という置き石に手をかけてひっくり返し、別の意味もありはしないかと掘り下げていくことで、その地下の方に眠っている他の言葉へとつながる水脈を探り当てなければならない。

言葉の発見

ところで、言葉の発見に関して私がいつも思い出すのは、武田常夫のふたつ実践である。『大造じいさんとガン』における「手をのばしても」の発見[四三]、『にれの町で』における「かげ」の発見である[四四]。言葉の発見によって教材解釈が変わることが、授業に対してそんなにも深く影響するものなのかと驚かされる。

武田は「文章のイメージを手がかりに展開する」実践事例として、中心人物である大造じいさんが「強く心を打たれた」という心理の中味を、「それまで一度も気にとめて読んだこともなかった」「大造じいさんが手をのばしても・・・」という「具体的な形をとった行為」の言葉のなかに発見する。それは、「手をのばす、という具体的な行為のなかに大造じいさんの残雪への深い気持ちがこめられているはず」だと考えたからである。そして授業では、「どんなふうにしてのばしましたか?」「しめた、というような心があったか?」と問いかけていった。一見何気なく描かれていて見過ごしやすい具体的行為の中にこそ、中心人物の心情を追求するための言葉を見つけ出していくべきだとする指摘は、示唆に富んでいる。これは、教材解釈における言葉の発見が、授業に活かされた事例である。

ここで武田は、「手をのばしても」の「手をのばす」により着目しているようであるが、視点

四三 武田常夫 イメージを育てる文学の授業 国土社 一九九二 六一―三二頁

四四 武田常夫 授業案を作り出すまで 授業の創造(斎藤喜博編) 明治図書 一九七〇 一三二―一三四頁

〈言葉の意味〉からすれば、「も」という助詞がどういう意味で用いられているかを追求する方法もあり得る。助詞「も」の用い方には、並列や累加や強調などの側面があるが、ここでは「手をのばす」行為を強調しながら打ち消しも含意して、「(刺激しないようにそっと)手をのばしてさえも(もうさわがない)」という意味で使われていると捉えるべきだろう。「手をのばしても」「もうじたばたさわがない」という残雪の姿は、大造じいさんの予想をはるかに超えたものだったのである。そこで、この「も」の使われ方がどの側面なのかを明らかにしながら、「手をのばす」ときの大造じいさんの内面をイメージ化すれば、より深く心情を読みとることができるのではないだろうか。

一方『にれの町で』の実践では、武田は教材解釈の段階で、「かげ」という言葉を予め発見し隠し球のようにして持っていたのだが、そのことが原因して授業は追求のないものになってしまう。授業でそれを提示して見せることで、「子どもたちは完全に降参した」。しかし、「新しい解釈で子どもたちをゆるがし得た」と思った反面、「心のどこかに、なんとなくものたりないような気もちがカスのようにのこっていた」という。後に武田は授業を振り返って、解釈は新しいものだったけれど固定したものであり、「目的地へいきついてしまえば、それでおしまいだ」「格闘していなかった。追求していなかった」と反省を述べている。これは、教材解釈における言葉の発見を、そのまま授業に持ち込むだけでは、一方的な知識の押しつけや注入の元になってしまう危険性があることを示唆している。

ところで、この武田実践を知った後、私も自分なりに「かげ」について様々に調べてみたこともあり、「かげ」という言葉にはかなり敏感に反応できるようになった。「かげ」には、光・陰・影・姿・シルエット等それこそいくつもの側面があることを、私達は何となくわかってはいるし、その都度無意識のうちに区別しながら使っている。何となく区別しているのだが、実はよくわかっていないので、説明しようとするとなかなかできない。

そう言えば、半世紀以上前の自分の小学校時代のことまで思い出した。音楽会で学年二〇〇人で演奏した『星かげさやかに』だ。「ほしかげさやかに　しずかにふけぬ」と歌とリコーダーで演奏するこの曲を、とても気に入っていた。美しいと思った。満点の夜空の星がキラキラと瞬いている様子が目に浮かぶようだった。音楽の芯に触れたなと感じられた瞬間であったし、その感動は音楽関連の仕事もしている今に多少なりともつながっていると思う。しかし、なんだかうまく言えないが、少しひっかかるようなものがあったことも覚えている。今にして思えばそれは多分、瞬く星のイメージが浮かんでいるのに、「ほしかげ」というその「かげ」という言葉がどうもしっくりこなかったのではないか思う。そのときの私は、「ほしかげ」が星の光だとは知らなかった。「ほしかげ」は星の陰ではなく、星影であり光だったのだ。もし小学校のとき、はっきりとこのことを学習していたら、私のひっかかりはたちどころに解決し、夜空はもっと澄みわたり星は輝いたことだろう。

その後「かげ」という言葉に詳しくなり敏感になった私は、教材解釈でも曲の演奏でもこの言葉は見逃さない。「ほしかげやさしく　またたくみそら」と歌ったら、はっきりと星の光が見えるし、荒城の月明かりもよくイメージできる。小説を読んでいても、そこに足が止まるようになった。「かげ」という言葉の意味がはっきりと理解でき、イメージが明確になったのだ。

音楽の言語を読む

文学教材を取り上げて教材解釈の方法的視点について述べてきたわけだが、これらの発想は、他教科へも適用できるものだと考えている。例えば、この発想に基づく教材解釈を、音楽指導に適用したらどうなるかについて、少し述べておきたい。

楽譜は音楽的言語で表現されているため、その言語（単語）の意味をどう読みとるかが問題になる。そのためにはまず単語力が必要だ。単語力とは、強弱記号やリズムやハーモニーや歌詞に関する基礎的知識のことで、楽譜を解釈するとは、それらの単語をどう意味づけるかを考えるということである。そこで、自分には音楽的な知識が不足しているから解釈などとてもできないという教師がいたとしたら、それはまったくの嘘である。教員は全員が義務教育を卒業しているから、その程度の知識は皆持ち合わせている。知っているわけである。知っているが考えたことがないのだ。知らなければ考えることができないから仕方がないが、知っている基礎的知識については考えることができるはずなのに、苦手意識が邪魔をするためか楽譜を解釈する学習習慣がない。ある意味、音楽教育における負の成果であるとも言えるかもしれない。

小中学校の教材となる楽曲で扱われている音楽言語は、すべて義務教育で扱われたものである。例えばｆと書かれていたらフォルテと読み、強くするという意味であることは、教師であれば誰もが知っている。知ってはいるが、そこになぜｆと書かれているのかを考え、読み取り解釈したことがないというだけである。そして、解釈なしに「そこはフォルテと書いてあるから強く歌いましょう」「クレッシェンドだからだんだんと強くしていきましょう」とだけ指導したり、音楽記号には目をくれず歌詞ばかりを問題にしてしまったりしているのである。

あるいはよく「楽譜通りに演奏する」という言葉を耳にする。究極はまったくその通りであるとは思う。それは、作曲家の意図を十二分に受けとり自家薬籠中のものとした上で演奏するという意味であるが、この語を誤解しているような人もいる。かつて私が接した音楽教師の中に、そういう人がいた。その人は、ある楽曲を教材とした授業案の中に、自分の解釈を示そうとしなかった。楽譜に書かれているｆならそのｆの意味を、作曲家はどのような意図を持ってそこに記入したのか、それを自分なりに解釈した上でどのように指導するかを明確にしなければならないのに、「なぜ解釈を書かないのですか」という私の質問に、ただひたすら「楽譜に書かれているとおりに指導します」としか返答しなかった。そういう押し問答がなんと数十分間も続いてしまったのだった。ここまで頑固な人物もなかなかいないものであるが、自己の我を金科玉条に押し通そうとするこういう教師には、結局は指導ということができないし、説明も説得もできないし、大人も子どもも納得して表現する気にもならない。その音楽記号の裏側に隠された作曲者の思いや意図を考えさせたり説明したりして、豊かな表現を引き出すことなどできるはずがない。

楽譜を解釈する

ここまで述べてきた〈言葉の意味〉というときの「言葉」とは、端的には〈教材の核〉のことを指し、選びとられた語彙を意味している。選びとられた語彙の意味が、それまでとは別の意味として理解され直すことを問題にしてきたわけである。したがってこういう原学習には、必ず分節化という作業が伴う。ある文章全体を問題にするのではなく、その文章を分節化して特定の語を選び出し、辞書で調べ直したり類語と比較したり、日常的な使用方法を想起したり前後の文脈に沿って検討したりするような分析を通して、意味の理解の転換を図ろうとする。分析とは、その字の通り、対象を分けることに始まる科学的な操作の基本である。

ところが分析すると言っても、結局のところは、疑問を持てるかどうか、〈変だ・おかしい〉を発見できるかどうかにかかっている。文学でも楽譜でも同様である。クレッシェンドは「だんだん大きくする」とか、「ブレス記号のところで息を吸う」というだけでは解釈をしたことにはならない。それだけならば、読めない漢字にふりがなをふって読んだと同じことでしかない。解釈は、作曲者がなぜそこにそのような指示を書き込んであるのかという意味（意図）を、指導者である教師が理解し（解釈し）子どもに問いかけたり説明したりできるようにすることでである。そのために分析も行う。

合唱曲『あなたに会えて・・・』の楽譜をよく見てほしい[四五]。この楽譜の中で、もっとも不思議なこと〈変だ・おかしい〉の一つを挙げるとすれば、何だろうか。私が最初に目を止めたのは、「80ぐらい」と「84ぐらい」という速度に関する指示だった。曲の冒頭には「80ぐらい」という速度指定があり、途中からそれが「84ぐらい」に変更されている。しかし実際にメトロノームで聴いてもらったらわかると思うが、80と84の違いは聞き取れない程度の差でしかない。しかも、そこに「ぐらい」とまで付記されているから、実際にはその差はないに等しい。それなのになぜ、作曲者は指示したのか。つまりここに、作曲者のかなりの意図が隠されていると見なければならない。

その意図を読み解くには、もちろん楽譜をよく調べ、楽譜中から見つけ出すことが本筋である。しかし、周辺情報からヒントを得る場合もあるからと調べてみたところ、作曲者は現役の教師でありながら数多くの作曲している人で、自分が教えた生徒が卒業するにあたり曲を作って送ることも多いようであった[四六]。専門家の作曲でない場合は、具体的な生徒の姿への思い入れていると見なければならない。

四五　あなたに会えて・・・　山崎朋子作詞作曲　山崎朋子 Original Songs 同声編所収　教育芸術社 2011。他に混声合唱編もある。

四六　ここで重要なのは、教材中に自分なりの疑問を見つけ、そこを入口にして周辺情報を得ようとしていることである。

れも強いのではないかと考え、付記された作曲者自身の解説文を読んでみると、この曲は、卒業式などで歌われることを想定して作られているとのこと。そうであるならば、ピアノは生徒が弾き、卒業式では、指揮も生徒がすることを想定しているかもしれないことがわかってきた。

そこでもう一度楽譜に戻って、先程の疑問について考えてみると、次のように推測できる。表記のように演奏速度が具体的な数字で少しだけ差を付けて指示されていることによって、指揮や伴奏を担当する生徒達は、おそらくメトロノームで調べて、その意図を発見しようとするに違いない。そのわずかな速度の違いに込められた作曲者の意図を、生徒同士で相談し合ったり教師に相談したりするような活動が誘発されるのではないか。そういう活動も期待できる。そして歌詞などを手がかりにしてどう歌ったらよいのかを考え合っていった結果、後半部分は前半部分よりも少し速く追い込んでいくような意識を持ちながら歌っていこうと練習に取り組むのではないか。作曲者が中学校の音楽教師であるような場合は、そうした活動までも、自校の生徒や他校の指導者に期待しているのではないだろうか。

このように外部情報などもヒントにして、歌詞の内容やその他の音楽記号などをひとつずつ意味づけながら、演奏速度の違いを意識することが内容や学習活動とどう関わるのか予想し、訓練すべき発声技術やイメージ語による助言や問いかけるべき事柄などを考えていきたいものである。「この部分は、fと指示されているから強く歌おう」と指示記号そのままに言うのではなくて、「fと指示されているということは、この言葉は一番訴えたい大事なところであるし、声も心もひとつにして想いをいっぱいに表現したいところであるから、教会の中で響いているような音の拡がり方を意識して歌おう。そのためには、息の入れ方を・・・」というように、意味とイメージと技術の側面から、助言や問いかけや指導ができように心がけたい。そして練習過程で、楽譜中に表現されている作曲者の意図について、どのような学習が展開されそうなのかも予想しておきたい。

しかし、こうした学習が成立するためには、教師が解釈の初歩段階で、「ここをfで歌うことは、なんだか不自然な気がするな」「80ぐらいと84ぐらいに差があるのだろうか」「どうしてここだけにブレス記号があるのだろうか」などと、楽譜に疑問を持たなければ始まらない。疑問を持たないまま80という速度をメトロノームで調べて、このくらいの速さで歌おうと助言したとしても、解釈に基づいた指導だとは言えない。もしそのとき、子どもが「どうして84になったのかな」と呟いたとしたら、善良な教師は聞き逃すことなく反応するだろうが、解釈がなければ「そうだね、だいたい80と同じだと思えばいいですね」と言っただけで過ぎていくだけだろう。

それではどうすればそういうところに目が行くようになるかと言えば、教師が音楽的言語の単語力をある程度身に付けること、その上で、〈変だ・おかしい〉と感じる直観力を磨いておかなくてはならない。対象が文学的な文章であったしても、また楽譜であったとしても、ある程度の単語力があり、疑問を発見する直観力を持たなくてはならない。疑問が持てれば問題ができ、指導する内容が見えてくる。そうすれば、要求したい内容が指揮として表現される。別の言い方をすれば、解釈がないのに指揮はできないし、解釈がないのに指揮の仕方だけ勉強することはできないということである。何を教えたいかがなければ、どう教えるかはないということであるが、何を教えたいかだけがはっきりしていればそれでよいのかと言えば、もちろんそういうものではない。

例えば教師が、「ララ…」の部分をどう歌わせたいとか、曲のサビである「あなたに会えて」に向かっていくcrescendoの部分をだんだんと盛り上がるように歌って欲しいというような願いを持っていることには充分に意味がある。しかしだからと言って、いきなりそこを指示して扱うことは適切ではない。むしろ「言葉にできない」から他に言いようがなくて「ララ…」と表現しているような抽象性の高い部分は、歌詞のある部分をある程度歌えるような段階に至ってから扱っていくべきであるし、サビに向かっていくまでの途中の歌い方の追求を先にするよりは、まずはサビを上手に歌いたいというのが学習者の自然な欲求のはずであるから、そうした子どもの表現欲求・学習欲求に沿いながら進めていくようにする。そうすれば、学習は自ずと「サビが随分上手になってきたから、ではそこに行くまでのところはどう歌ったらよいだろう」という課題が、次に必然的に生まれてくると考えなくてはならない。教師の指導したい内容と子どもの学習したい欲求をどう一致させていくかという、プロの実践者としてのより高次な課題がそこにある。

学習活動も予想しながら

もう一つ、音楽教材を例にとってみると、誰もが知っている文部省唱歌『もみじ』は、解釈し尽くされた教材かもしれない四七。しかし、強弱記号に着目しただけでも、この曲は実に奇妙なのである。mpのピアノ前奏から始まり、歌い始めは同じくmpと指定され、盛り上がるはずの中間部「まつをいろどる」から後半部の「やまのふもとの」まではmfと指示されている。少し弱くと少し強くという微妙な振幅の中での曲の演奏を想定していることは、いかにも中途半端な感じさえする。その上、速度は四分音符「92くらい」とあり、92というのも端数で不自然である上に、「くらい」としてあるわけだからますます微妙な感じが漂う。90でもなく100でもない92とは、いったいどういうことか。いやそうではなくて、そういう指定の仕方にこそ、作曲者編曲者の意図が滲み出ていると捉え、歌詞などとの関係も手がかりにしながら解釈しなければならないだろう。その解釈を前提として、指導とか指揮とかの方法が導き出されなければならない。指揮者には解釈があるからこそ、身体もその表現に向けて自ずと動くのだと考えるべきである。解釈がないのに、身振り手振りや顔の表情などで、演奏に対して指示したり動機づけたりすることはできない。解釈がなければ、mpとmfの違いや92というテンポで指揮することはできない。もちろん、指揮法の原則的な技術は一応身に付けていることは当然であるとし

四七　文部省唱歌　高野辰之作詞　岡野貞一作曲　中野義見編曲

ても。

詩も短歌も俳句も物語も、そして歌える曲でも、もう知っていることとわかっていることこそがわかっていないかもしれない。合言葉は、自分自身を疑え。いつも眺めるだけで通り過ぎている言葉に、裏通りに転がっているような言葉に足を止めて、そこを掘ってみるべきだ。ただし、片っ端からではなく、疑問を持った言葉を。

視点5　題名と主題――主題の光に照らされて――

教材：大造じいさんとガン　など

象徴としての題名

教材の各場面に表現されている内容と主題と題名との関係が見えてくると、なんだかすっきりと視界が開けたような感覚にならないだろうか。あくせくと登って来て山の頂上に着いた途端に、ぱあっと視界が開けて開放されたような気持ちになる、あの感じである。

なるほど、だからこういう題名が付いているのだとか、この題名にはそういう意味が込められていたのか、と納得させられる。読み手にとって、今まで各所で未解決のまま残されてきた疑問や結び目のようなものが、ほぐされて繋がりをもって意味づけられ、題名に集約されるような感覚をもって納得されてくる。中心人物の心情を追求していた子ども達が、口々に、「ああわかった、だから題名は古ぼけた馬車じゃなくて『ふるいばしゃ』なんだっ」と叫ぶように発言した授業を参観したことがある。そうした授業が実現された背景には、〈題名と主題〉の関係を考究した教師の教材解釈があったことは言うまでもない。

視点〈題名と主題〉は、題名には主題が象徴されていると見ようとする意識である。主題が何かを考えようとすると、各部分の意味や位置づけに関する理解を深めることになる。各部分の表現と主題と題名との関係を意識していくことで、部分の意味も見えてくる。題名に象徴された主題が了解されてくると、全体の構造や骨組みが浮き立ってきて、全体と部分との関係が見てくるのである。

注意しなければならないのは、主題を明らかにしようと意識することによって、全体構造や部分の意味がはっきりしてくることであって、主題が何かを明らかにすることが、教材解釈の目的ではないという点である。教師達との勉強会でもそういう傾向が見うけられるが、主題が何かだけを追求していこうとすると、どうしても教材解釈が抽象的なものになり、目指そうとする授業も批評家然としたものになってしまいがちだからである。勉強会に持ち寄ったレポートの教材解釈の欄に、主題らしきことを数行書いて、それでもう解釈が終わったと思い込んでいるような人もいたくらいである。主題が何かを扱うことこそが国語授業の目標であり、単元の最終場面では物語の主題が何かを学習問題にするべきだとする主張があることも承知しているが、教材解釈は、題名と主題との関係に配慮しながら、あくまでも部分における表現そのものを対象とした具体的なものでなくてはならない。

作者にとっての題名

〈題名と主題〉に係わって、私は早速夏目漱石を思い出す。未完の遺作小説『明暗』の題名に込めたものはいったい何だったのだろうか。明暗とは文字通り明と暗であるが、この象徴的な題名に込められたもの、それこそが主題に他ならないはずだ。

題名が仮に『津田由雄の人間的葛藤と成長について』などと説明的なものであったなら、それこそつまらない。象徴的であるからこそ、読み手への問いかけが潜んでいる。明暗とは明と暗という対照的な事柄であり、ひとりの人間における明と暗あるいは心理の表層と深層、あるいは人物と他の人物を対比した明と暗、明と暗とを抱える人間同士の葛藤や苦悩や衝突や対立、あるいは闘いと克服そして超克。暗になり得る明と明になり得る暗との平衡状態や転換、自己内における明と暗との無自覚と自覚。そして、二律背反の明暗的な生き方からの統一的な生き方への転化。主題をめぐって、そうした様々な自問が喚起される題名である。

唐木順三は、津田と医者との奇妙なやり取りから始まるこの小説を、津田の〈精神の病〉の治癒に至る物語として読むとする見解を示した[四八]。また西谷啓治は、『明暗』が漱石の世界観である則天去私に基づいた傑作だと評価し、人間と人間との関係、「決着の場」の問題を捉えようとしているとする見事な解釈を提示した[四九]。いずれの見解も、主題に関わり題名の意味を説き明かすことに繋がっている。

四八　夏目漱石　明暗　注　岩波書店　一九三三

四九　西谷啓治　夏目漱石『明暗』について　宗教と非宗教の間　岩波書店　一九九六

およそ人に読まれることを強く意識した文章で、それが小説にせよ随筆にせよ論文にせよ、書き手は予め題名を考えて内容を構想し、書き終えて再び題名の適否を吟味した後に漸く校了するだろう。したがって、題名は主題に連結し暗示している。教材文の場合も事情は同様であり、教科書会社が、『大造じいさんとガン』の枕部分の叙述を削除したり敬体表現を常体に修正したりしても、題名そのものを変更することは有り得ない。例えば、『大造じいさんとがん』というように「ガン」を「がん」と平仮名表記にしたとしても、『ガンと大造じいさん』とか『大造じいさんと残雪』とは修正しない。なぜなら、題名の変更は、主題の変更を意味するからである。

題名の意味

私達は、題名と主題との不可分の関係を、どのくらい意識しているだろうか。世に文集と言われるようなものによく見うけられる題名、「・・・について」「・・・を読んでの感想」「雑感」などは、論外であることは言うまでもない。そういう類いの題名は、主題どころか内容にも触れていない。溢れる著書の数々に目を転じてみると、『下町ロケット』『蹴りたい背中』などは、キャッチーで確かにそそられる。『長生きしたけりゃふくらはぎをもみなさい』『学年ビリのギャルが1年で偏差値を40上げて慶應大学に現役合格した話』『さおだけ屋はなぜ潰れないのか？』などは、キャッチーだがやり過ぎの一歩手前とでも言うべきところか。こうした題名（これらの題名は著書名であるが）は、手に取ってみたくなる、読んでみたくなる、買いたくなるような他者への商業主義的な配慮に満ち満ちていて見事なほどである。書き手側・売り手側の視点に立ったとき、題名をいかに重視しているかがよくわかる。しかし、通常読み手側・買い手側に立っている私達は、向こう側の意図を汲んだ上で題名に着目しているのではなく、題名を見ることによって喚起されて読んでみたいとか買いたいとかいう欲求から、それに目を止めているにすぎない。

　美術館に行ったときなどはどうだろうか。写真展や絵画展に出かけたとき、あなたは作品をまず見てから題名に目をやるか、それとも題名を見てから作品を見るか。来場者を観察してみると、様々な人がいるようである。どういう見方であってももちろんまったく自由なのだが、作品と題名とを往還しながら見る人が多いのではないだろうか。展示された絵画の前に立ってまず題名を見て解説をじっくり読み、それから作品を鑑賞するようなこともよい。私の場合だと、まず作品を見て、それから題名を、また作品を観て、今度は画材であるとか制作年であるとかの外的な情報を得てまた絵に戻る、そんなやり方が多いように思う。一部の抽象絵画や彫刻や写真などは、題名があることによって大いに助かる。ピカソ『泣いている女』とかロダン『私は美しい』やベルリーニ『テレジアの法悦』など。国立西洋美術館に常設されているミロの『絵画』という題名の抽象画などは、有って無きが如き題名がむしろ活きているし、作品番号しかないモンドリアンの前に立って、突き放されたような気持ちになり、作品の線や色やそこに生まれるリズムと直に対峙させられるような場合もある。

いずれにしても、作品の題名が主題を体現している（はずだという）ことが、書き手と読み手、創作者と鑑賞者の暗黙の了解となっているわけである。因みに今書いているこの文章は、題名が示すとおり、題名と主題は不可分の関係であるから、題名にどういう主題が隠されているかという視点から解釈することが重要だと、筆者である私は意図して書いているのであり、それこそが本文の主旨である。

それでは、教材の場合はどうか。

題名の類型

教材の題名を、視点〈題名と主題〉を用いて、どのように検討していけばよいのだろうか。差しあたり、いくつのタイプに分けて考えみよう。

例えば、『カレーライス』『やまなし』『クロツグミ』『イナゴ』ときたら、そこに出てくるカレーライスややまなしは、まずふつうの一般的な意味ではないと考えるべきである。題名が表すそのものについては一応知ってはいたとしても、書かれている内容は、私達が日常生活でふつうに使っているような意味としては描かれていないと身構えなくてはならない。

題名がムラサキシャチホコ五〇だったら、読み手は、いったい何かと正体を知りたくなる。それが、最初の疑問になる。しかし、『てんとうむし』（川崎洋）という誰でも知っているものが題名になっていると、すっと通り過ぎてしまいそうになる。そのときこそ自分を制止させて、疑問を抱いて立ち止まらなくてはならないのだ。話者は誰でも知っているてんとう虫に、いったい何を発見したのだろうかと、主題に繋がる何かを見つけようと構えなくてはならない。そうすると、冒頭の「いっぴきでも／てんとうむしだよ」が意味を持って浮き上がって見えてくる。「でも」という語彙も尖って見えてくる。誰もが知っているものを何気なく示してあるからこそ、何かが隠されているのではないか、主題に繋がる何かが潜んでいるのではないかと見なくてはならない。

三十倍も辛いカレーライスについて書いてあるのだという意味ではなく、特別な意味が込められた『カレーライス』（重松清）であり、特殊な『やまなし』（宮沢賢治）であるはずだと見なくてはいけない。『クロツグミ』（高村光太郎）や『イナゴ』（まど・みちお）も、あまり見かけないからと言って、そういう生物の生態が書かれているわけではない。それなのに教材解釈

五〇　九州～北海道に分布している蝶。枯葉そっくりに擬態したガ。はねの模様は色の濃淡によって陰影を表現し、まるで枯葉が丸まっているように立体的に見える。静止するときに体の両端を持ち上げ、しゃちほこのような姿勢をとる。ちなみに、私も実物を見たことはない。

の手始めに、図鑑やインターネットで、自分が知らない鳥や虫の一般的な生態を調べているようでは、疑問の持ち方も調べ方の角度も間違っている。一応は知っていたはずなのに、今作者の前には、見たこともないような特別で特殊な行動をとるクロツグミがいる。作者はそこでいったい何を発見したのか。イナゴを見たら害虫だとか佃煮にして食べるのだとかではなく、話者はとてつもないことを発見し、そのことが書いてあるはずなのだと考えなくてはならない。何気ない題名にこそ、すごいことが隠されているのだと見なくてはいけない。視点〈題名と主題〉は、そのような発想から出発する。

『ごんぎつね』（新美南吉）と書いてある。ごん／ぎつね、である。ごんという特別で特殊な心理を持った人物のことについて書かれている。その特別特殊の心理の内容やそれを動機とした行為に目を向けなくてはいけない。それなのに、狐という生物の生態を調べてみて、一匹で暮らしているのはおかしいとか、新美南吉の狐に関する知識は不正確であるとか言っているようではまったくお門違いというものである。あるいは、半田近辺の彼岸花の分布やお念仏の流布状況に疑問を抱いているようでは、見当違いも甚だしい。大学院にまで行って、そういうことを研究している人もいる。何を研究しようがその人の自由と言えば自由であるが、そういう研究からは『ごんぎつね』の主題は見えてこない。

「の」による限定

『一つの花』（今西祐行）は、一輪の秋桜のことではない。『ふるいばしゃ』（新美南吉）は、古ぼけた馬車ではない。「一つ」にも「ふるい」にも、一輪とか古ぼけたとかと、言い換えが効くような甘さはない。一片の誤差も許さないような書き手の厳しい想いが込められているはずである。そう捉えなくては、題名から主題には繋がっていけないだろう。

『ちいちゃんのかげおくり』（あまんきみこ）、『スーホの白い馬』（大塚勇三）というタイプの題名。そこには、特殊な人物の特別な事物が描かれている。かげおくりも、そんなに頻繁に行われる普通の遊びではないのかもしれない。しかし、誰でもが一度くらいはやったことがあるだろう。暴れん坊将軍が乗っているのは、家来達とは違う白い馬であるし、白い馬は確かに少しだけ特別なのかもしれない。それでも、「ちいちゃんの」かげおくりや、「スーホの」白い馬は、それこそ特別中の特別だったのだ。その特別の中味を、明らかにしなくてはならない。その中味こそ主題であるだろう。焼け跡でちいちゃんがひとりぼっちでやった特別なかげおくりのことが、物語の最後に出てくるのだ。殿様にとっての白い馬は、確かにお気に入りの一頭であったには違いない。しかし、スーホにとっては単に「それ」ではなく「汝」と呼ぶに相応しいほど特別の馬だったのだ。

「と」は関係性

「義務と権利」「自由と平等」「時短要請と罰則」、『あいつと私』『罪と罰』『ナルチスとゴルトムント』など、「と」によって両者の関係性を示唆するタームや題名は多い。教材の題名が「〇〇と〇〇」となっている場合、その主題は、関係性の変化であると考えてよいだろう[五一]。また、題名が『泣いた赤鬼』だということは、「赤鬼と青鬼」の関係性が主題ではないはずだと、逆に捉え直してみることで、主題が見えてくる場合もあるだろう。

『大造じいさんとガン』(椋鳩十)の主題は、両者の関係性、あるいは関係性に関する認識の変化である。したがって、大造じいさんとガンとの関係性がどのように変化したのか、認識の背景となる価値観はどう変化しているのか、その際中心人物である大造じいさんはいつどのように転化したのかなどを読み取らなくてはならない。『川とノリオ』(いぬいとみこ)も、川とノリオとの関係性の変化が主題になっている。川の世界の内で生活していた幼いノリオが、そこから外に出て、ノリオ自身の世界に生きようとする姿に変化していることが主題であるとする視点から、物語全体を見ていかなくてはならない。

五一 こうした捉え方が、すべての題名に適用できないことは言うまでもない。例えば、志賀直哉『清兵衛と瓢箪』は、関係性の変化ではなく他と対比したときの異質性と捉えるべきだろう。

このように、題名を主題のメタファーとして見ていくような読み方が、視点〈題名と主題〉である。題名に表象されている主題が何かという意識を持ちながら、教材を読んでいくことによって、内容の全体構造や核心が浮かび上がってくるのではないだろうか。すべての情景は主題の光に照らされている、と言った作家がいた。本文のすべての言葉がそうであるというなら、題名はその象徴である。

第三部

展開の核へ

情報の角度づけと判じ物授業

教材：クロツグミ　など

知りたいことを調べる

あらゆる事柄のあらゆる側面について、すべてを知ることはできない。例えば流行という社会事象について、例えば原子分子についてはもちろんのこと、ひとつの言葉のすべての意味・使用方法・変遷などについても同様である。すべてを知り尽くすことはできないし、既に知っていることも、事実の一部でしかない。

教材に登場する事物、例えばクロツグミという小鳥について、全く知らないということでは解釈はできない。それでも推量すれば、羽根は黒いだろうとか、鶫の仲間なのだからそれほど大きくはないだろうとかまではわかるから、図鑑やインターネットを活用して調べて確かめてみるというのがふつうだと思う。しかしだからと言って、詩『クロツグミ』を解釈するために何十冊もの図鑑に手当たり次第に当たり、研究書を読み論文も取り寄せ、インターネットなどを活用して何ヶ月もかけて調べ上げるようなやり方には、敬意は表するが賛成はしない。たくさんのことを知った満足感は得られるだろうが、解釈に必要な情報をはるかに超えて、玉成混淆の膨大な情報を前に立ち往生することになるだろう。

このことが知りたいと、予めある角度づけをもっているのであれば、調べてみる価値があると考えるべきだ。調べたいことが明確でないのに、とにかく無闇に調べまくること、端から辞書を引きまくるようなことが目的化してしまうのは、解釈にとって有益ではない。だから、ひとつの詩を解釈する際に、比較的短い詩であるからと言って、出てくる言葉を虱潰しに調べまくるなどということには意味がない。

調べるツールに満ち溢れるようになった超情報化社会の中で、私達はいつもすぐに調べてみたい誘惑に駆られる。スマホに向かって「OK Google」と呼びかければ、すぐに答えが戻ってくる。インターネットの検索機能を使って、なにかキーワードを入力すれば、たちどころに何十件もの答えが表示される。だから、すぐ知りたいし、すぐ調べられるし、すぐにわかってすっきりしたい。しかし、むしろ知りたい誘惑をぐっと抑えてそこに留まり、手に入る少ない情報から多くを読みとろうと構えなくてはならない。そして自分の中に、どうしてもこのことだけは知らないと先に進めない、という状況が生まれてくるのを待つ。つまり調べるとは、何でも調べてみることではなくて、知りたいことを調べることなのだ。

下調べとか素材研究と称して、出てくる言葉を片っ端から辞書で調べてみる、などというやり方にも感心しない。手始めとしてまず「クロツグミ」を調べる、「しゃべる」を調べる、「向こう」を調べる、「森」を調べ・・・というような具合に虱潰しに調べまくり、肝心の「なに」には目もくれないというようなやり方である。真面目な教師が陥りやすい方法なので気をつけたい。こういう人は往々にして、調べれば調べるほどわからなくなり、挙げ句の果てに「だから教材解釈は、あまり細かく深くやらないほうがいいのだ」などと後輩に助言などするようになる。何を作るか決めておかないで、スーパーマーケットに行き、目につく食材を手当たり次第に買ってくるのと似ている。料理ではそういうことはあり得ないが、教材解釈ではけっこうまかり通っているようである。誤解のないように言っておきたいが、調べることが教材解釈ではない。

料理に喩えれば、解釈の初めは調理というよりも味を利くのようなもの。カレーをひと口食べては、使われているスパイスは一体何か、隠し味は何かと探りをかけていき、どうしても得体の知れない正体不明のスパイスが想定されたら、初めてそれを調べてみるというようなイメージだろうか。オランダの医学書『ターヘル・アナトミア』を訳した前野良沢を見習うべきだ。調べたくても調べられない不便さから、どれほどの想像と推察が生み出されたことか。

情報の角度

原学習者である教師の教材解釈は、味を利くような探究活動なのであるが、それは自分の第一次理解を構成しているある言葉について、当初とは異なる側面からの理解の仕方が成立するということである。自分の読み方の核心となっている言葉についての理解が変更されるからこそ、第二次の理解へと進むことができる。核心となる言葉の意味の理解の仕方が変化する、と

クロツグミ

高村　光太郎

クロツグミなにしゃべる。
畑の向うの森でいちにちなにしゃべる。
ちよぴちよぴちよぴちよぴ、
ぴいひよう、ぴいひよう、
こつちおいで、こつちおいでこつちおいで、
こひしいよう、こひしいよう、
ぴい。
おや、さうなんか、クロツグミ。

いうことである。そういう原学習としての教材解釈が実現していれば、授業においても子どもと共に追求し、子どもの第一次理解をより高次の第二次理解に転換する可能性が高くなる。したがって、どの言葉をどの角度から知るかが問題なのだ。

このことを追求的な解釈型授業における子どもの視点から見てみると、ある言葉についての情報をより多く持ち合わせていることで、返って子どもを混乱させてしまうことがある。ある小学校五年生の学級で『大造じいさんとガン』の学習をしていたときのことである。ほとんど発言はしないが、いつも真面目に授業に取り組むDちゃんという女の子がいた。学習が始まって五時間が経ったある日、授業直後にDちゃんが先生のところに歩み寄って、小さな声で問いかけた。「先生、聞きたいことがあるんだけど・・・残雪って鳥なの？」、聞かれた先生は驚いてしまった。もう五時間も勉強しているのに、今更こんなことを

聞いてくるのかと。しかし待てよと振り返ってみると、確か二時間目の授業で、辞書を使って「残雪」について全員で調べてみる活動があった。辞書には、「解け残った雪」と書かれていた。そうだ、Dちゃんはそのときから迷い続けていたに違いない。残雪はガンの頭領の鳥だと読んでいたDちゃんにとって、「残雪」についてさっと辞書で調べて終わりにしてしまったその活動が、残雪は鳥なのか雪なのかと混乱させるだけの活動だったのだ。そこから数時間、Dちゃんは困りに困って遂に先生に質問したのだった。随分と辛い思いをした数時間であったに違いない。様々な能力の子どもが集団で学習する場においては、教師は当然配慮しなければならないことであった。教師にとっては、この程度のことは軽く扱っておけばよいとしか思わなかったような活動が、返って子どもを混乱させる結果を招いていたわけである。子どもに新たな情報をどういうかたちで定着させておくべきか、十分に配慮しなければならないと思い知らされた瞬間でもあった。

　ある言葉に関する新たな情報を、あらゆる側面からなるべく多く提供することが、教師の役目だろうか。詩を読んで初めて知ったクロツグミという鳥に関する情報を、原学習段階で虱潰しに調べ上げ、それを子どもの前にすべて提供すること、あるいは子ども自身で調べるための時間を十二分に設けることが、本当によいことだろうか。言うまでもないことだが、情報がなるべく多くなるべく多様であることによって、意味ある深い追求的な学習が成立するわけではない。むしろ、価値ある最少の情報こそ意味がある。情報の角度づけとは、情報の量と種類、言葉のどの側面に光を当てるかという問題である。

〈教材の核〉と情報の角度

詩『クロツグミ』の解釈においては、クロツグミの囀りの聞倣について調べ、その聞倣が詩のどこに書かれているかを明らかにしないような調べ方には意味はない。クロツグミという鳥がどこに住んでいるとか、作者が生きた頃にはどのくらい生息していたかについて、いくら詳しくなっても解釈が進むとは到底思われない。鳴き方についても、現在はインターネット図鑑で直に鳴き声を聞くことができるし、鳴いている映像を視聴することもできる。しかしこの詩の場合、聞倣について調べる過程で、実際の鳴き声も調べようとするのであれば意味がある。インターネットであちらこちらを巡っているときに、偶然鳴き声も聞いてみたことがあったというだけでは、解釈には活かせないだろう。

聞倣について調べようとする意識は、「なにしゃべる」の「なに」という冒頭の問いが、「ちょびちょびちょび」以下の中間部と対応しており、それを受けて「おや　そうなんか」と転換しているのではないかという解釈から発している。未だ文脈としては不確かなものであったとしても、そこにある種のつながりを感じた上で、クロツグミについて調べてみると、クロツグミがよく囀る鳥であること、その囀りには様々な聞倣があることを知ることになる。そういう調べ方は、教材解釈に活きる。クロツグミが出てきたからといって、とにかくなんでも調べてみようとしてしまうと、それこそありとあらゆる角度の情報を得ることになり手に余ってしまうことになる。

聞做という新たな情報を得た教師は、授業においても、聞做に関する一定の情報を子ども達に提供し、ある事柄を確認し定着させるだろう。「ちょびちょびちょび」から「ぴい」の中間部分の内で聞做はどこか、その聞做は一般的なものなのか、それとも話者の考えたものなのかを、問題として扱っていくような方向性の授業構想もされていくに違いない。そうやって、教材解釈における探究活動の方向性と想定する授業構想の方向性とが、一致していくだろう。

もうひとつ事例を見ておこう。啄木の短歌「ふるさとの訛なつかし停車場の人ごみの中にそを聴きにゆく」には、「訛」という言葉出てくるが、これはこの短歌の中では鍵語、〈教材の核〉である。訛の類語に「方言」があるが、日常的には両者はほとんど無意識に区別されることなく使われてしまっている。しかし両者の決定的な違いは、訛は人の身体と密着しており、方言はそれとは異なり客観化されたものを指している。だから、日本方言辞典はあっても訛辞典はない。訛は、人が実際にそこにいて話していなければ成り立たない。そこで教材解釈では、「訛なつかし」という言葉の意味を、しゃべる人に密着していると角度づけて理解することが重要になる。

また「なつかし」も〈教材の核〉であるが、この言葉もなんらかのきっかけがあって起きる心理であるという角度づけがあってこそ、初めて教材解釈に活きるものとなる。辞書などを使って、この「なつかし（い）」という言葉の特性を見つけ出さなければならない。言葉を一般的に調べるだけでは、その言葉の特性を理解したことにはならないし、授業につながる教材解釈には活かせない。

ちなみに、日本人の精神と言葉についての竹内整一の論考を見ても、こうした角度づけは意識されてはいない[五二]。竹内の論考は説得的ではあるが、「なつかしい」がなんらかのきっかけや動機が伴うことについては触れていない。例示される三例の能「井筒」「松風」「野宮」の内容は、「なつかしい」という想いが生まれるのには、なんらかの機縁があることを共通に示してはいるが、竹内はそのことには触れていない。探究の主旨が異なるため当然のことではあるが、竹内は、語源に遡って「なつかしい」を説明している。もちろん、類語「恋しい」を対照とした検討もされてはいない。このように、情報とは、それを用いようとする方向性に応じて、事実からある角度づけをもって切りとられたものなのである。

啄木の短歌においては、「訛」について、「方言」を対照として、現に今しゃべっている人物に密着しているものだと理解すること、そして「恋しい」との対照によって、「なつかし（い）」には具体的な動機やきっかけが必要なのだと角度づけて理解することによって、実際に人が話す訛を作者が耳にしたことがきっかけとなって懐かしい想いが湧いてきたのだと、解釈するこ

五二　竹内整一　やまと言葉で哲学する　春秋社　二〇一二　七一―七四頁

とができる。こうした原学習が、解釈段階でなされていなければ、授業構想や実際の授業においても、そういう角度づけを伴って「なつかし」という言葉が核として扱われることはない。

判じ物授業への忌避

言葉の事実は多面的であり、そのすべての面についてそれ以上探究できないほど深く掘り下げることは不可能だと思わなくてはならない。だから言って、浅くても仕方がないと逃げしまってもいけない。要は、その作品を教材として授業をするという意識を失わないことであるが、これは簡単のようで実は難しい。丁寧に教材解釈しようとすればするほど、調べることが目的化しやすいのだ。授業での扱い方を想定したり子ども達の反応を想像したりしながら、言葉を探究していくことで、授業において子どもが手にするべき情報をどう角度づけるかも見えてくるはずだ。

情報の角度づけと聞くと、情報公開の原則とか情報操作や情報統制などを連想する人がいるかもしれない。しかし情報というものは、戦時下や独裁政治下でも、民主的と言われる現在のマスメディアでも、必ず角度づけられている。まったくニュートラルな情報提供などというものは、現実としてあり得ないのである。だからこそ、そこでは提供者の目指すものが問われるわけである。授業においても、子どもが手にするべき情報は、教師によって角度づけられたものでなくてはならない。だからと言って、教師が恣意的に操作することを勧めているわけではない。誘導し操作することは、謹まなければならない。判じ物のような授業への戒めを、自ら持たなければならない。

教師だけが知り得るような情報（＝種）を隠し持っていて、それを当てさせるような授業を判じ物授業と言う。謎をかけておいてそれを当てさせるようなことが、授業の中心問題になってしまっていて、誘導して最後に正答を紹介（＝種明かし）して終わるようなことは、子どもを愚弄するものである[五三]。

種としては、作者の置かれた状況や背景である場合が多い。名画の鑑賞に喩えると、絵そのものを味わうことをせず、絵の中に隠された謎のコードを読み解こうとしたり、モデルは恋人で後に自殺したといったような類いの情報を後から提示したりして、鑑賞者を唸らせるようなやり方である。あとになってから正答を教えられた子ども達は、どうしてそれを先に言ってくれなかったのか、知らない素振りをして自分達の話し合いを聞いていたのか、と思うに違いない。

なぜ、そういう授業展開になってしまうかと言えば、結局のところ、教師が授業を構想する

五三　たとえば次のような授業は、その悪しき事例のひとつである。藤森裕治　国語授業研究の深層　東洋館出版社　二〇〇九　二三九－二五一頁。研究テーマの核心に触れる事例として示された詩『すずめのかあさん』の授業は、氏自身が授業者であるが、皮肉にも判じ物授業そのものである。

前の解釈段階で、表現の不自然さや異常性への気づき（＝疑問）から出発していないからである。一般常識的ななぞり読みの次元に留まっていたり、疑問もなしに言葉を調べまくって自ら情報過多の泥沼に嵌まり込んでしまっていたりするからである。教師自身が疑問を出発点として解釈し、それを原学習として授業構想しなければならない。

授業の出発は、教師と子どもが発見した疑問でなければならないが、その疑問の質は、情報の角度づけによって左右される。

方法の適用と陥穽

教材：ゆうひのてがみ（野呂昶）

教材解釈のための方法的な視点を五つ提示してきた。〈中心人物の行動課題〉〈論理の展開〉〈作者の戦略を読む〉〈言葉の意味〉〈題名と主題〉である。方法の適用とは、解釈する際に、これらの視点を用いようとする意識のことである。そこでは意志的で能動的な姿勢であるが、同時にいったん当て嵌めた視点を別の視点に換えてみたり、すっかり外してしまって視点なしのニュートラルな気持ちで全体をぼんやりと眺めたりしながら、なんらかの直観が働くのを期待しているような受動的な態度も求められる。直観の中味は、なにか可能性を感じる疑問であったり文脈とか題名と主題との連関の発見だったりするわけだが、それは待っていないときに突然彼方側からやってくることもある。積極的にある方法の適用だけに突き進むと、それ以外のことは切り捨てられてしまうから注意しなければならない。

複眼的に適用して

教材に対してひとつの視点を決めて読もうとする分析的な姿勢には、同時にその方法適用が外れているかもしれないとする意識も絶えず求められている。どれかひとつの方法（＝視点）

を用いることによって、当初の一般的常識的な解釈を転換して第二次理解へのきっかけを得たとする。その際には、即座に他の視点も活用しながら、もう一度文脈の中で再検討することが必要になる。そうやって、いくつかの視点から複眼的に検討したり、ミクロとマクロを往還したりしながら吟味する必要がある。

例えば、第0行にどのような前提、一般的通俗的認識、問題意識あるいは行動課題があるのかと、一応自分で理解し直したとする。または、作者（話者）が言おうとすることはこういうことではないかと、主題に関わることを読みとれたとする。そうしたら、改めて、第0行にこういうことがあれば確かに第一行をこう書き出すはずだ。それがあって次に、こう進展していく。さらに次の連にどう展開してこう結論されているのだと、もう一度論理を通してみる。また、そこで到達した新たな認識は、題名に表れているであろう主題として納得できるものなのかどうかをも、再吟味しなくてはならない。このように、ひとつひとつの言葉の理解を深め、部分と部分との連関から論理を立てたら、再度全体の文脈の中に落とし込んで新たな理解を再確認する作業をしなくてはならない。微視的に且つ巨視的に見ながら。

提示したいくつかの視点は、教材解釈に関わる方法的知識であるが、その知識を適用して教材の検討をしていけば自ずと解が得られるなどとは受けとらないで欲しい。視点は、マニュアルではない。むしろ、そうした方法的知識を適用しようとした瞬間から、重要な疑問への感覚、言わば臭覚のようなものが働き出すのではないかと思う。方法の適用によって、そういう感覚が刺激されて発動されることこそ大切なのだ。

方法の目的化

方法の適用は、往々にしてその方法を当てはめてみるだけの探究レベルに留まってしまうこともある。例えば言葉を様々な角度から調べだけで終わってしまい、そこから抜け出せないでいるような人を時々見る。方法的知識の適用が、感覚を発動しないので、方法の操作レベルに留まってしまっている。分析批評と称して視点論を導入しても、五つも六つも話者の視点の可能性を指摘しただけで授業準備を終えてしまうから、授業でも子ども達が様々な視点を出し合って主張し合い、それで話し合いは活発になっただけで終わっていくというような、いわゆる盛り上がる授業と言われるようなものがそれである。分析型の授業ではなく解釈型の授業を目指していても、なまじ話者の視点という方法的知識があるものだから、教材解釈でも授業でも話者の視点はいったいどれが妥当かを検討しただけで終わってしまうような場合である。

詩『ゆうひのてがみ』(野呂昶)の勉強会で、次のようなことがあった。予め断っておくが、この詩の「ゆうひの」とは、「夕陽からの」または「夕陽が寄こした」という意味に他ならない。例えば、「おじさんのてがみ」は叔父さんが寄こした手紙のことであるし、「私の手紙」は私が書いた手紙のことであるから、すぐにわかる。したがって、夕陽が寄こした手紙が題名なのだから、その手紙はいったいどういうものだったのかという主題を探究する意識で詩を読むべき

ゆうひのてがみ

ゆうびんやさんが
ゆうひを　せおって
さかみちを　のぼってくる
まるで　きりがみのように
ゆうひを　すこしずつ　ちぎって
「ゆうびん」
ポストに　ほうりこんでいく
ゆうびんやさんが　かえったあと
いえいえのまどに
ぽっと　ひがともる

である。しかしこの詩には「ゆうびんやさん」が出てくるものだから、実際の郵便物を郵便屋さんが届けているかのようなイメージにズレていってしまいがちのようだ。そして、手紙そのものよりも郵便屋さんの動きの方に目がいってしまう人が多いようだ。

ある教師が「話者はどこから見ているか」と話者の視点を問題にした。このMさんは、勉強熱心な中堅教師であったが、解釈に行き詰まってしまった彼は、予てから知っていた話者の視点という方法を使ってみた。ここで視点を問題にすれば、読み手は、当然郵便屋さんの動きを追っていく読み方に方向づけられていくことになる。話者の位置は坂道のどの辺りか、地面からどの位の高さか等々、いくつもの案が出てくる過程で、「さかみち」「のぼってくる」「せおって」などの言葉が検討されるだろうというような主旨の解釈を提出したのであった。様々な意見が飛び交う盛り上がる授業を予想しているようであった。しかし、Mさんの解釈では、話者の視点という方法の適用そのものが主目的になってしまっていて、主題も詩人の意図も二の次になってしまっていた。本末転倒である。Mさんは、方法の適用という陥穽に落ち込んでしまったのだ。方法を知っているということは、まったくもって怖いことである。

本稿ではいくつか視点を提示し、その視点を導入して解釈することについて述べてきたが、それは視点〈中心人物の行動課題〉とか視点〈論理の展開〉という方法的知識を当てはめて操作すれば、結果として解釈が自ずと生まれてくるというようなありがたいものではない。むしろ、そういうことはあり得ない思った方がよい。このことを忘れると、方法論の落とし穴に嵌まってしまうことになるだろう。

方法はすぐ使いたくなる

およそ人間は、方法や技術を知ると、まずそれを使ってみたくなるものではないか。最近折に触れて耳にすることの多いＡＩ（Artificial Intelligence）とかスマホのことを考えてみれば、すぐわかることだろう。すぐに触れてみたいし実際に使ってみたくなる。ただし、ＡＩのＡはArt の略であり、かなり広く用いられる概念で、芸術性（または芸術的発想や直観など本質に関わること）と技術とは、本来不可分であることを意味している。別々のものではない。方法や技術だけを用いようとすることは意味がないし、方法だけ適用しても、本質が自動的に導き出されることはない。

例えば、今の上海は様々なデザインのビルが建ち並ぶ、まるで巨大ビルの展示場のような所だ。奇抜とさえ言えるようなデザインの建物もある。しかし、それらの建物は風雨に耐え続けそこに建ち続ける。当然のことである。いくら斬新な発想であっても、技術に裏付けられていなければ、実際の建築物でない。自由な発想に基づく建物と言うとき、その自由とは、自ずと建築物という限界性においてである。芸術的建築家は絶えずそこに挑戦している。音楽において解釈と演奏とが表裏であるように、方法や技術は、本質追求と一体になってこそ意味を持つ。

とは言え、発想の真意がその段階においては不明で、後々になってから意味づけられるという場合、発想のみが先行して技術が追いつかないというようなことはあり得る。今ある確かな技術に基礎を置きながらも、有り得ないような自由な発想を提示することで、新たな技術の発達を引き出すこともあるだろう。ダ・ヴィンチの手稿に残された図案が、遙か後の時代になってヘリコプターの発明となって実現化することもあり、直観的発想に基づく物理理論や数学的予想が、相当の年月を経て漸く証明されるというような場合もある。このように、技術や方法と本質や発想は、いつも同時的だというわけではない。発想が技術や方法を導いたり、技術が本質を明らかにしてみせたりすることもあるだろう。

しかしそれでも尚、教材解釈においては、手抜きをして汗をかかなくても導き出せるようなお決まりの手立てや定石化された方法はない。「教材解釈が不充分であっても、いい授業はできるようになりたい」などとは夢にも思わないで、何としても解釈を作り出そうとしなくてはならない。

教材解釈で教師が変わる

教材解釈の視点を提示して、その活用について勧めておきながら、同時にひとつの方法だけに囚われないことや視点の適用そのものを放棄することまでも述べてきた。まったく矛盾していることは百も承知である。しかしこのことは、最初から教材解釈を放棄するという意味ではない。ある若い教師が興味深いことを語っていた。彼は教材解釈の河を渉ろうとして泥沼のようなところに嵌まり込んでしまったとき、近くの先輩に助言を求めたそうだ。するとその先輩は助言してくれた、「教材解釈はあまり深くやらないほうがよい。ますますわからなくなるばかりだから」と。そして、付け足すことも忘れなかった、「だから、指導書どおりにやればいいのだ」と。なるほど、それは当たってはいる。その話を聞いたとき、わたしは大いに憤慨し、先輩というその人はとんでもないことを言うものだと思った。でも、今は少し当たっているような気がしている。もし今のわたしが二人の傍にいて、そのやりとりを聞いていたとしたら、いったいなんとするだろうか。

この先輩が言う「ますますわからなくなるばかり」はおそらく実体験なのだろうから、深い教材解釈に挑戦しようとしたことが何度もあったのだろう。しかし、不幸にもそこを越えることができなかった。あるいは、その先輩の目からしたら、まずは子どもとの関係づくりを重視して、「指導書どおりにやる」ことができるようにするべきだという親心から思わず口をついて出た助言であったのかもしれない。それにしても、いつかはその深い教材解釈の河を渉っていかなくてはならない。そのときにいくつかの方法的知識があることは、決して無駄ではない。しかし心しておかなくてはならないのは、その方法を適用して子どもを動かそうとする前に、自分自身の教材解釈が当初の理解水準を超えて第二水準の理解に変化転換しているかどうかを、確かめなくてはならない。話者の視点を検討したり発問を百個作ってみたりすることも悪くはないが、それによって自分自身が、原学習者として理解を変化転換させているかどうかである。話者の視点を問えば、合計八通りもの可能性が出て、子ども達はああでもないこうでもないと話し合って授業は盛り上がるだろうと対策する前に、まず教師自身の理解が変化しているかどうかである。

　子どもに教える内容は、次元が低く初歩的で入門編であるから、もう自分は充分理解できているしわかりきっているのだという思い込みが出発点になっていないかどうか。単元毎の板書のやり方などを人に説いているような人には、こういう類いが多い。小学校の教科書に載っているような教材は、簡単なもので大人の自分が読めばすぐにわかってしまうようなものでしかないと、そういう奢りのような想いが潜んでいないかどうか。確かに高等教育で扱う内容からすれば、それは一見初歩的であり簡単で単純で難しいものには映らないのかもしれない。しかしすでにいくつもの事例で示したように、平仮名で書かれているから簡単だとか一年生の教科書に載っているから幼稚だとか、そういうことはまったくない。自分自身への問いかけ、自分自身への発問ができる人は、そのことをよくよく承知しているだろう。しかし自分自身を問うことのできる人が、教材の奥深さを感じてはいたとしても、その深い河をどう渉ったらよいのかの方法までも知っているとはかぎらない。だから、教材解釈の方法を知りたいというのはまちがった欲求ではないが、なんらかの方法を知ったからと言って、すぐにそれで子どもを変えてやろうなどと目論む前に、まず自分自身を自己検討して欲しい。

これまで提示してきた〈中心人物の行動課題〉などの視点は、教師自身の解釈を変化転換するためのヒントなのであって、それがそのまま授業方法ではない。「中心人物であるごんぎつねの行動課題はなんだろう」とか「この言葉には他の意味がないだろうか」とか「作者の書き方で一番工夫されていることはなにか」などと、子どもに直接発問するような授業方法を提示しているわけではない。

そして、ここに示した視点を適用して〈教材の核〉を発見したとしても、それで教材解釈が終わったわけではない。〈教材の核〉を授業の展開にどう活かしていくか、別言すれば〈教材の核〉をどう〈展開の核〉とするかには、また一段と別の工夫が必要なのだ。

展開の核へ

教材：体育・壁倒立　いくたびも雪の深さを尋ねけり（正岡子規）

教材解釈に関わる問題のすべては、結局は〈展開の核〉に逢着する。詰まるところは、〈教材の核〉をどう見つけ出し、それをどう〈展開の核〉とするかである。斎藤喜博が提出したこの概念について、斎藤の著書や彼の周辺にいた実践者研究者の言説などの助けを借りながら、また文学以外の教材を事例に探ってみたり、私の周辺で実践されてきた事例等にも当たったりしながら考察してみよう。

教材や授業に関わる研究の中で、「核」という語が用いられることは一般的ではない。この語は、いわゆる斎藤教授学ではよく用いられるのだが、今は一応、核とは欠かせない重要な事柄というような意味合いで捉えておくことにする。さらに、〈教材の核〉〈展開の核〉となると、もっと耳慣れない言葉であるのかもしれない。そこで、この概念がどのようなものであるかを詳しく述べるに先だって、一応のイメージをもつために体育教材「壁倒立」を例に説明しておきたい。文学教材の教材解釈について述べることが主旨ではあるが、〈教材の核〉〈展開の核〉という概念はあらゆる教科領域に通底する原則的な概念であるため、ここで敢えて体育教材の事例を挙げ、そのイメージを確認しておきたい。

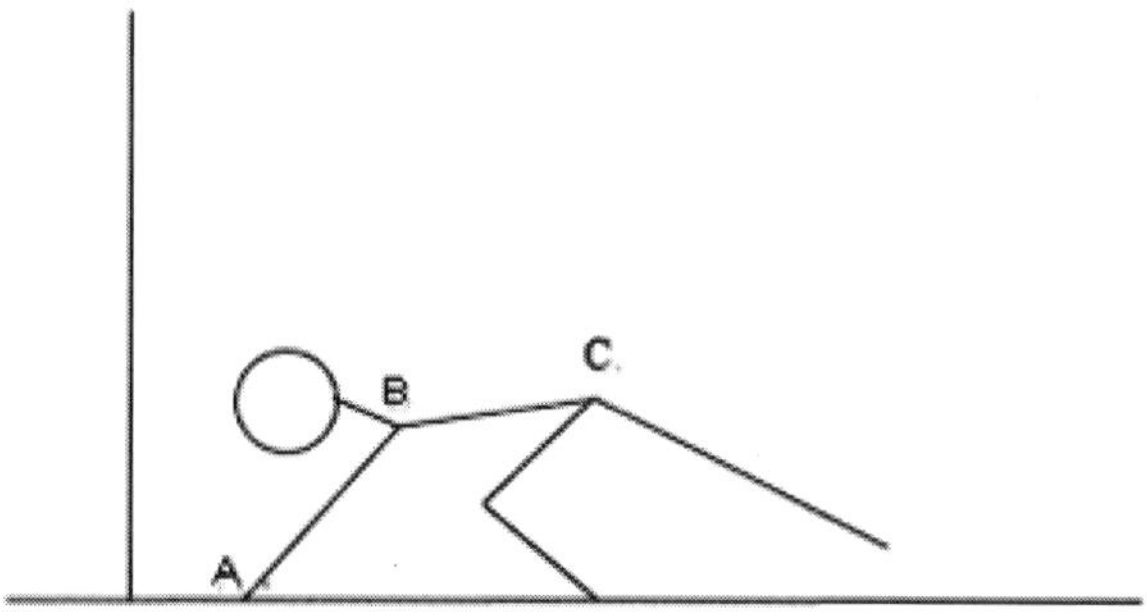

教材「壁倒立」の核

上の図は、床に手を着いて壁に向かって倒立をしようと構えたところを描いている。Aは両手を床に着いている地点であるが、より正確には掌を床に着いて曲がっている手首の位置を示している。B地点は、両肩口である。片方の脚を大きく曲げて膝のバネを使いながら、伸ばしたもう一方の脚を跳ね上げようとしているところである。

倒立ができたときには、両脚を伸ばして踵が軽く壁にもたれる程度に触れ、掌に全体重がかかっているわけであるが、そのときを横から見ると、掌よりも頭が前方に少し出ているくらいになる。逆さ感覚とはA地点より頭部が前方に傾く感覚だとも表現することもでき、できない人はA地点より前方に頭部を傾けることを怖がって腕を突っ張ってしまい、B地点を動かさずに脚だけを上にあげようとしている場合が多い。これをより正確に言えば、脚を振り上げるときにB地点をA地点の垂直上の方向に移動しながら、同時にその上方にC点（腰）を乗せないと倒立状態は保てない。

倒立運動をこのように捉えると、両脚が伸びているとか膝が開いているとかの下肢の保ち方は、運動そのものができているかどうかという問題ではなく、より美しくできているかどうかという問題であることがはっきりする。

ここまで分析してきてわかるように、折り曲げた膝のバネを利かせながら、反対の伸ばした脚―意識としては太股の裏側―を振り上げながらBをAの上方に乗せるように移動させ、同時にそれらの上方にC点を移動させる運動が壁倒立であると解釈することができる。運動そのものの分析と意識のしかたから、そのように解釈される。すると、膝のバネ、太股の裏側、肩口を前方に傾けること、手首の垂直上に肩口が乗ることなどが、壁倒立という運動のポイントでありコツであるとも言える。壁倒立をするには、これらのポイントが実現できていなければならないわけで、どれか一つでも欠けてしまうとうまくできない。

これらのポイントは、壁倒立における〈教材の核〉だと言える。〈教材の核〉は、特性とかポイントとかコツという言い方でも表現され得る。しかし、コツというのは、その動きを行うときに有利に働く意識のことを意味する場合が多いし、ポイントはその動きの出来不出来を評価するときの観点だと言うことができるのに対し、〈教材の核〉という言い方は、その動きを学習する教材における不可欠な要素だと言い換えることができる。つまり、〈教材の核〉は、その教材を通して、子どもに身に付けさせたい能力と直結している要素である。壁倒立という教材を通して身に付けさせたい能力は、逆さ感覚と同時に、伸ばした両腕で展開させた胴体を支えることができることであり、下肢がきちんと伸びていればより美的ではあるが、たとえ多少緩んでいたとしても運動としてはできているから本質的には問題ではない。すると、前述のようにポイントはいくつかあるわけだが、最も重要な要素は、腕を伸ばした状態でB・C地点をA地点の上方で支えられるように移動させるということであり、これが壁倒立という運動学習の〈教材の核〉であると解釈することができるだろう。

さらに、その運動の特性は、他の運動を対照として見たときの正に固有の特徴というような意味であるが、それがそのまま〈教材の核〉であるとは言えない。頭部の質量比は全体重の一割弱あるわけだから、壁を使わない倒立（逆立ち）では、B・C地点をA地点の上方で支えられるように移動させるという意識だけではなく、当然ながら頭部や下肢の体重を加えたバランスとらなければならない。それに対して、壁に依存しながら、そのバランス感覚を補助する役目を負わせているのが壁倒立という運動だと言える。

壁倒立では、壁に依存している分、頭部の保持のさせ方に関する意識は薄れていると言えるのではないか。とすると、逆立ちが完璧にできるか否かという観点からすれば、カエル倒立や三点支持倒立や壁倒立は、不完全なものでしかない。しかし学習材としては、それぞれが固有の完璧性を追求できる内容を持つ教材であると捉えられる。壁倒立ができたからと言って完全に倒立運動ができたとは言えないが、倒立運動の特件の内、重要な欠かせない一部の要素を含んでいるわけである。また、壁倒立という運動を、壁なしでの倒立やカエル倒立や三点支持倒立とどこが異なるかという特性を明らかにした上で、学習の到達点を決め出しておかなくてはならない。

倒立という運動の一般性からすれば、到達すべき地点は、膝を伸ばし足首を伸ばしながら足裏を返して指先まで美しく見せようとするところまでを求めるべきなのかもしれない。その場合は、膝を伸ばすことなども〈教材の核〉としなければならないだろう。しかし、教師が子ども達の実態との関係から、教材解釈の段階では未だ漠然としたイメージであったとしても、子ども全員に対してそこまでは求めないと判断するのであれば、膝を伸ばす等々の事柄は、当然ながら〈教材の核〉とはなり得ない。もちろん、容易に到達できてしまうような子どもには、より高次の内容を要求することになるのだが。

このように〈教材の核〉は、その運動の一般的特性から、教師が選びとり限定したものであるはずである。その意味では、一般的ではなく特殊性を帯びている。

さて、壁倒立という運動の〈教材の核〉をそのように分析して明らかにしたからと言って、壁倒立を教える授業準備ができたというわけではない。〈教材の核〉を授業展開の中で活かすためには、もう一段階の工夫を考えておかなければならない。

壁倒立の場合であれば、A点の上方にB・C点を移動させることが学習課題となって取り組むためには、練習方法や助言や説明などを用意しなければならない。例えば、ポイントとかコツとか注意点などと言い換えた上で、図示したりチェックカードを使わせたり、「肩が手首よりも前に出ているか」と問いかけたり、カエルの脚打ち練習や壁を背にして両手を床に着き壁沿いに足裏を徐々に上方に上げていく練習をさせたり、二人か三人組で補助し合いながら練習させたり、よくできている子どもを見本に見せたり、練習方法やできている様子をビデオで見せたりする方法を工夫する。〈教材の核〉を視点として、それを具体的な助言や説明や練習方法と組み合わせて、授業として展開しようとする。このように、教材解釈で明らかにされた〈教材の核〉は、そこまでいって初めて展開の一部として機能する核となるわけである。そのように構想されたものを〈展開の核〉と言う。

〈教材の核〉が〈展開の核〉となったとき、教材解釈で明らかにされた内容は、授業方法の一部を内包することになる。したがって、壁倒立の学習は三人組で補助し合いながらやらせるのがよいなどと、他所から知り得た方法だけを用いようとするのではなく、用いようとする方法は、教材解釈で明らかにされた内容から必然的に導き出された方法でなくてはならない。

ここまで「壁倒立」を例に、〈教材の核〉と〈展開の核〉の内容や違いについて述べてきた。両者には段階の違いがあるということである。文学教材における〈教材の核〉は、教材の重要な表現とか叙述から選びとられた語句、〈展開の核〉は授業における具体的なその活かし方を伴ったものであると言ってよいだろう五四。

五四　参照：横須賀薫編　授業研究用語辞典　展開の核　教育出版　一九九〇　九五頁

重要語句と核

これまでにも度々触れてきたが、教材解釈で教材中の重要な語句（特に語彙）を見つけたからといって、それをそのまま子どもにぶつけても、授業展開の中で活き活きと働くものになるとは限らない。斎藤喜博は、教材中に見つけた重要な語句である〈教材の核〉を、感性や論理に訴えたり発問したり対立させたりすることによって、さらなる展開への契機とすることで〈展開の核〉になり得ると説いている[五五]。つまり、〈教材の核〉は、授業展開における具体的な発問・説明・助言・（活動の）指示などとセットにして構想することによって〈展開の核〉となる。〈教材の核〉は確かに重要語句ではあるが、重要語句が即〈教材の核〉ではなく、〈教材の核〉が即〈展開の核〉ではない。この後例示する『秋の電話』『雪の深さ・・・』などの実践は、そのことをよく示している。

往々にして私達は、教材解釈の中で、この言葉は大切だなと思うと、それを直接的に子どもに問うてみたくなる。「ふたりとも、かなしい気分で」と書いてあると、「どうしてかなしいのかな」とすぐに問うてみたくなる。しかし、それでは授業につながる解釈をしたことにはならない。

この「ふたりとも、かなしい気分で」は確かに重要語句ではある。「ふたり」も「とも」も「か

五五　斎藤喜博　教育学のすすめ　全集6　国土社　一九七〇　三八四―四〇〇頁

なしい」も重要な語ではある。しかし「ふたり」とは別々の個人が同じ場に存在することであるが、二人には共通する点もあれば異なる点もあるだろう。そもそもこの二人は知り合いなのか友達なのか親友なのかという人間関係の質の問題があるし、頻繁に会っているのか年に数回しか会わないのかという問題もある。そのような問題をどの程度重視するか。また、二人が同じように「かなしい」と言うとき、「とも」の方をより重視して扱うか「かなしい」の方を重視するか。あるいは、「とも」「かなしい」という重要語句のうち、〈教材の核〉として「とも」を選択するか「かなしい」を選択するか。仮に、「かなしい」を〈教材の核〉として選択し、その「かなしい」の中味は同じではないと解釈した場合であっても、授業では、「とも」という言葉を切り口として「かなしい」の内容を考えていくか、それとも「本当に同じかなしさなのだろうか」と問いかけて、「かなしい」を直接的に問題として深めていくか・・・。そんなふうに展開を予想しながら、再度解釈を吟味し直す必要が出てくる。また、いきなり教師から発問するのではなく、検討する範囲を予め限定しておき、子どもから疑問を発表させるような活動から入っていくべきかどうか・・・等々。

このように、重要語句の発見が即授業構想ではない。教材中の重要語句を見つけただけで解釈し終えたと思わないで、さらにその先の扱い方や具体的な問いかけ方までをイメージしなければならないということである。

例えば、「らんまんとさいたすももの花が、その羽にふれて、雪のように清らかにはらはらと散った」という文が重要な語句だと感じたとしても、主題に照らしてみて、他のいくつかの語句との相互に響き合うような関係性が見出せないのであれば、それは単に美文調の衒学的表現に惹かれたということにすぎず、〈教材の核〉を発見したことにはならない。別の見方からすれば、その作者には美文調の表現を好む傾向があり、随所にそういう表現が散りばめられていたとしても、作者の意に忖度してそれらの語句を〈教材の核〉として選択する必要はない。その判断と選択は、あくまでも解釈する教師の側にある。

教師自身が自分の判断で、その教材中から核となる重要な語句を探り当て、それを実際の授業展開でどう活かすかを具体的にイメージできるところまで高める必要がある。

武田実践と展開の核

〈展開の核〉と言えば、武田常夫の実践に触れないわけにはいかない。武田は、〈教材の核〉や〈展開の核〉が斯く斯く然々であると細かい解説は一切していないが、『教材の核から展開の核へ・その発見と創造』と題する一文の中で、『秋の電話』の実践について書いている[五六]。一部の教育学者が、武田はここで〈展開の核〉に関してまったく説明していないかのような指摘をおこなっているが、それはあたっていない。迫真的なこの自己省察記録を注意深く読んでみれ

五六　武田常夫　イメージを育てる文学の授業　国土社　一九七三　三二一―四七頁

ばわかることであるが、確かに武田は、〈教材の核〉〈展開の核〉という言葉は一度も用いてはいないのだが、〈教材の核〉を如何にして〈展開の核〉とするかの過程と、その過程における欠かすことのできないいくつかの重要な事柄や要素についてきちんと示している。今そのことを、少し辿ってみよう。

武田は初め、「作品の内容、そのおもしろさ」は捉えてはいるが、「授業という土俵のなかでこの作品を組みふせるという自信」はなかった。そこで、作品を要約してみた。そして、「いまだに授業展開というみずからの文脈のなかにこれをひきすえて明確にとらえる手がかりのなにひとつ所持していないこと」に気づく。しかたなく「作品の重要と思われる表現や叙述をえらび出し」ては、そのいちいちについて「なぜ」「なぜ」と発問を想定してみたのだが、その「問いの行列」には自ら呆れてしまう。「もっと鮮明なイメージをはらんだ問いのことばをさがしあぐね」、今のような「不毛な問いとは別な問いを創造しぬいていく」しかないと思う。

「問いと問いとの関係がつくりあげる緊張感が乏しい」、「問いがたがいに作用しあいながら、別なある高みをめざして展開していくという問いのダイナミズムの希薄さ」に気づいた武田は、「一見いかにも矛盾する二つの表現」にかかわる主人公の心のうごきを発見する。「二つのことばを関係させて考えたとき」、そこに主人公の心の微妙なはたらきを読みとることができ、作品の主題と強くかかわってくることを理解し、授業のイメージがおぼろげながら感じられてきたというのだ。

時計が「びんびんと打ちだした」という「たんなる事実の描写としてしか読んでいなかった」叙述が、「具体的な行為にかかわって読んだとき」、そこに「場面を展開するもっとも重要なかぎがあることに気がついた」のだった。そうして武田はついに、時計が打ち始めたとき「おじいさんはどうしてそれが十一時とわかるのか」という問いを創り出し、漸くにして「内的な葛藤を子ども達のなかにもたらしていく」対話的な授業のイメージが浮かんできたのだった。

そこまで到達した一連の過程を示した上で、武田は、「教材は、教師の技術を通してはじめて子どものものになる」とまとめている。この場合の「技術を通して」とは、新たに見つけた叙述と、そこでの具体的な発問を指している。それについて、「あとは・・・一時間を組織し構成するかという作業だけなのであった」「ようやく授業の入口に到達した」と記しているから、ここまでを具体的な授業の計画に入るまでの過程だと捉えているということである。

武田が初め「作品の内容、そのおもしろさ」について、「ひととおりのとらえ方はできたつもり」だったいうことは、重要な語句は一応把握できていたという意味であろう。また「作品の重要と思われる表現や叙述をえらび出し」、そのいちいちについて「なぜ」「なぜ」と「問いの行列」を生産していった段階は、重要語句から〈教材の核〉が選択されていったことを意味している。しかしこの段階においては、問いと問いとに連関がなく、〈教材の核〉と別の〈教材の核〉との繋がりが見えていなかった。そこで「つぎつぎにあらたな問題やイメージを生みだしていくような、そんな問いの創造を追い求めながら教材と格闘」していくうちに、「二つの言葉を関係させて考えたとき」今まで見えなかった言葉の別の側面に着目することができ、子ども達の発言やそれに対応しながら発問するような授業展開における活かし方が見えてきたと述べている。

こうした一連の過程こそが、「教材の核から展開の核へ」至る「発見と創造」の過程そのものだと武田は捉え、『教材の核から展開の核へ・その発見と創造』と題して記しているのである。したがって、重要と思われる言葉と言葉との関係性から、それまでとは異なる意味の側面があることを発見できた言葉こそが〈教材の核〉であり、その言葉の授業展開における具体的な活かし方が創造できたときに、それは〈展開の核〉になるのだと、武田は述べているわけである。

子規の俳句で

重要語句と〈教材の核〉と〈展開の核〉に関する武田の説明を前提として、もうひとつ別の事例を見ておこう。筆者が主催する勉強会でのこと、子規の俳句『いくたびも雪の深さを尋ねけり』の教材解釈で、「雪の深さ」を問題にした教師がいた。よい感覚をもっており深い解釈ができる人であったが、〈教材の核〉を〈展開の核〉とする詰めが甘かった事例である。

この俳句では、作者の子規が病床に臥せっている状態であったことが問題になりやすいのだが、この人は雪の高さではなく「雪の深さ」を「いくたびも」尋ねている点に着目した。雪の高さとは積雪量のことであるのに対し、「深さ」は水平方法の奥行きであり、「作者が知りたかったのは雪が降り積もった量ではなく、どの程度雪が奥まで敷詰まったか」という「広さと密度」だったと捉えていた。そして、「作者の中で雪一面の景色はとてつもなく美しいと記憶されており、全てが真っ白になった異世界のような景色を見たいと強く思っていたのではないだろうか」と解釈していたのだった。この解釈の是非についてここで問うことはしないが、この解釈は独特の優れたものであると、わたしは思った。また、「深さ」「高さ」の違いだけは絶対にはずさずに扱う、とレポートにも書いており、「深さ」という言葉の持つ奥行きをなんとしても扱いたいとする授業の方向性もきちんと持っていた。しかし授業構想では、最終盤で「雪の深さに執着したのはなぜかを想像する」とあり、「作者に見えていたもの、聞こえていたもの、心の中で見えていたものを書き出し交流する」となっているだけで、具体的な発問は示されていない。それがなんとももったいない。

この教師は解釈段階で、「雪の深さ」という言葉の持つ重要性を発見している。「高さ」との比較検討から、「雪の深さ」という言葉には、雪の拡がりや密度への記憶や憧憬が隠されていることを発見している。作者子規が「深さ」を知りたくて幾度も尋ねたのは、積雪がどれほどになったかという気象予報士のような心情からではなく、別世界のような一面の銀世界が広がっていくことを切望する作者の動機があったのだと解釈していた。通俗的一般的な解釈の次元とは異なる、この人が発見した解釈である。そういう解釈を作っているのに、授業展開で具体的にどう発問するかという詰めが甘い。「深さ」という〈教材の核〉を発見しているのに、それを授業で〈展開の核〉として具体的にどう扱うかをイメージできていないのである。授業の最後に子どもがそれぞれ想像したことを交流し、ノートに書いて終えるという授業構想である。

もし、子ども達が「雪の深さ」という言葉になんの違和感も持たないままであったら、いったいどうしたらよいのだろうか。そこで打つべき手立てはないのか。もし仮に「雪の深さ」に関する発問を準備しておくとしたら、具体的にはどんな問いかけ方がよいだろうか。例えば、「深さを尋ねたというのは、どういうことだろうか？」「何センチくらい積もったか、どうしてそんなことを何度も聞くのだろうか？」「作者は、雪がたくさん積もって欲しいと思っているかいないか？」「作者が本当に知りたいことはなんだろうか？」「作者は、今までに雪が積もったところを見たことがあるだろうか？」「雪の深さを尋ねるときに、庭の石がまだ見えるかなというような具体的な聞き方もあるだろうが、いったいどんなふうに尋ねたのだろうか？」等々、結果として「深さ」や「いくたびも」が問題になるような様々な発問や助言の可能性があり得る。あるいは、東京に雪が降り積もることが珍しいことなのだと説明しておいてから発問するという方法もある。いずれにしても、教師が解釈段階で発見した「深さ」という〈教材の核〉を、発問説明助言指示などとセットにして、実際の授業展開の中でどう活かして〈展開の核〉とするかを、具体的にイメージしておくべきであった。そこまでしておかないと、教材解釈とは言えない。

以上二つの事例で見てきたように、教材解釈の過程で、ある言葉に足を止めて、それが重要な語句だと思ったとしても、即〈教材の核〉を発見したことにはならない。また、〈教材の核〉はこれだと選択したとしても、授業において〈展開の核〉としてどう活かすのかを具体的にイメージできないのであれば、教材解釈をしたことにはならない。

さらに、授業の前に原学習として行う教材解釈だけではなく、授業実践の最中や事後においても、〈展開の核〉とすべきものが何かについて、反省的に掴み直していくような逆方向の研究アプローチがあることも忘れてはならないだろう五七。

構築性と方向性

構築性と方向性を秘めた言葉こそが〈教材の核〉である。その言葉が存在するその場所で、その言葉が基礎づけ構築する意味とイメージが浮かびあがっている。と同時に教材全体の構造の中で、他の核と関連し合いはたらきかけ合いひびき合うような方向性を有しているような語句こそが、〈教材の核〉である。つまり言葉は、そこにおいて、構築性と方向性を秘めながらじ

五七　尾島昭夫　より深い解釈を求めて　解説（宮坂義彦）　明治図書出版　一九七八。宮坂による「解説」は、尾島の実践的研究内容を端的にまとめた優れたものである。〈展開の核〉は、「文章中の語彙」ではあるがそれだけでは〈教材の核〉に過ぎないこと、その中から「教師の読みとらせたいと願ったことを、子どもたちの中に達成させるために」選びとったものこそが〈展開の核〉であることを尾島が事後的に発見していると、宮坂は指摘している。（同書二〇六頁）

っと佇んでいる。

だからこそ解釈の視点でも述べたように、その言葉だけの辞書的理解に終わることなく、関連づけたりつながりを見つけ出そうと考えていったりするときに、秘められている言葉の力が働き出し、関係性や必然性が浮かび上がるように見えてくる。さらに授業展開における発問説明助言指示などを伴った活かし方がイメージされたとき、その言葉は〈展開の核〉となる。

事実〈教材の核〉は、意味の結節点である。いくつかの方向性を孕んで、他の〈教材の核〉とつながろうと、そこにある。いずれかの〈教材の核〉を入口として、授業展開の中で核として活かすことができれば、〈教材の核〉同士がひびきあいながら言葉の力を発動し、文脈となって主題を浮かびあがらせるような授業が実現できるかもしれない。そういうことが、子ども達の表情や発言する具体的な姿としてイメージされたときに、教材解釈が成立する。

展開の契機としての核

斎藤喜博は、核どうしがどう関連し合いながら展開の契機となっていくかについて、実際の授業に即しながら、◎〇×などの記号や矢印を用いて「展開を方向づける核」として説明している[五八]。斎藤によれば、教師は予め、「教材全体の核とか中心」とかに向かって、「小さない

五八　斎藤喜博　授業の展開　全集6　国土社　一一九—一二四頁

くつかの核」が「必然的に授業が方向」を持ちながら展開するようにしておかなくてはならないと述べ、「一つの核を追求すると、その結果として必然的につぎの小さな核へと思考や感覚が展開し、またそれを追求すると、新しい法則なり論理なり思考なりが生まれ、つぎの小さな核へと必然的に進んでいく」と説明している。斎藤の説明は、実際の授業において〈教材の核〉どうしがどう関連し合いながら展開していていくのかを、教師が予め教材から把握し予想しておくべきだとするものである。斎藤がイメージする解釈と授業は、小さな〈教材の核〉についてひとつひとつ順を追って考えていけば、だんだんと教材全体の中心となるような〈教材の核〉に向かって行くというようなものではない。ましてや指導書に示されているような重要語句を、その都度教師が「なぜ」「どんな」などを発問しながら順を追ってひとつずつ扱っていくことで、やがて教材全体の中心となるような核に辿り着いていくというようなものでもない。

授業の根本となる教材解釈の段階において、どの核から追求すれば、自ずと「教材全体の核とか中心」に向かって授業が展開するかという「必然性」を、〈教材の核〉どうしの関係性の中に見つけ出しておかなければならないのだと、斎藤は言う。武田の実践報告も、そのことを具体的に実証している。この関係性と必然性とを見つけ出すことができたとき、教師は具体的な授業案作成の入口に立つことができたと言える。この段階までが、教材解釈である。

教材のその言葉をめぐって、子ども達が授業の中で活き活きと動き出す姿がイメージされたとき、換言すれば、入口となるような核とその扱い方について具体的にイメージできたときこそ、教材解釈が具体的な授業案作成の端緒に到達したときである。授業での具体的な活かし方を伴って選び出された〈教材の核〉は、授業案の中で、発問助言説明活動などとセットになって〈展開の核〉として位置づけられることになるだろう。

技術の結晶としての展開の核

自らの解釈によって教材中に発見した〈教材の核〉を、実際の授業の中で〈展開の核〉として活かすという行為は、教授活動における技術のひとつである。教師は、必要な発問や助言・説明をしたり、検討する対象範囲を限定したり、ノートにまとめるような活動を指示したり、自分の疑問を発表しあうように促したりして、その核が実際の授業展開に活かされるようにしなければならない。そういう教師の技術（Art）と結びついたときに、核は方向づけられ自発自展的に働き出す。

教師と教材と授業との関係は、音楽家と楽譜と演奏との関係に等しい。楽譜の解釈なしの演奏はありないし、演奏は技術なしには叶わない。作曲家によって書かれた楽譜がそうであるように、教師の前に投げ出されている作家の作品は、そのままでは眠ったまま横たわっているだけで、教材とはならない。教師の教材解釈によって発見され、教師の技術によって授業の中で活かされたとき、立ち上がり生きたものとして蘇る。

教材解釈における〈展開の核〉は、その結晶である。〈展開の核〉には、構想する授業における発問や活動の具体的イメージが内包されているのだ。そして、授業における「発問とか朗読とかの片々たる技術には、その教師の教育に関わる思想の全体が顕れている」と言える[五九]。したがって、教材解釈において選びとられ意味づけられた〈展開の核〉には、教師の教育思想が込められていると言っても過言ではない。

[五九] 稲垣忠彦　武田前掲書の解説　二三五頁

おわりに

最後になって私は心配になってしまった。果たして教材解釈で悩んでいる教師がどれだけいるのかと。板書の方法が知りたいとかタブレット端末の活用法が知りたいとか、指名は教師からではなくて相互指名がよいのかどうかなどと困っている教師がいるとしても、果たして教材解釈で悩んでいる教師がどれだけいるのだろうか。

授業で何を教えるかは教師自身が見つけ出さなければならないのだと、私はそれをほとんど暗黙の前提のようにして考えてきたが、実はその前提自体がなくなってしまってはいないか。何を教えるかは初めから決められていて、教師の仕事はそれをどう教えるかであると、そういう考え方が暗黙の了解事項になってしまっていたらどうしようか。そうなってしまっていたら、私が今まで考えたり書いたりしてきたことが、全部吹っ飛んでしまう。そう思いながら、ぞっとしている。

少数でもよいから、深い授業を求めて、教材解釈で悩む教師がいてほしい。本著で書いたことが、そういう教師達になんらかのヒントになることを願っている。

教材解釈に終わりはなく、これが最終決定版だという解釈もない。また、自分ひとりだけでできるものではない。教えを請うことができる師がいて、相談できる先輩がいて、共に勉強できる仲間がいてこそできるものである。自ら求めて、そういう人を見つけ出し、つながりを作って欲しい。学び続けることによってしか教えることはできないのだから。そして、本著で提示した解釈や方法を否定し、乗り越えていって欲しい。

書くはずがないと思っていた教材解釈の方法論について、遂に書いてしまった。これはひとえにある人の力添えに負うところが大きい。再三にわたりぜひ教材解釈の方法論を書いて欲しいと請われ、そのたびに自分の非力を詫びて避けてきていた。そうこうしているうちに、現場の先生方と行った教材解釈演習の様子を録音して、それをつまびらかに文字に起こすというとてつもなく労力を伴う仕事を何度も自主的にしてくださるに及んで、もう書かざるを得ないという心境になった。

私が教材解釈論を書くことをためらっていたのは、自分が独自に創案した方法などはほとんどないと言ってもよいくらいのものだからである。すべて教えてもらったことだと言っても差し支えないと思う。ここに書いたことの根幹のほとんどは、師と仰いだ故宮坂義彦先生（元三重大学教授）からの教えである。宮坂先生は、斎藤喜博の教授学は二十一世紀の教育を拓くものであると、その神髄を抽出して私達に示してくださったのだった。

その宮坂先生の許を離れてすでに二十五年以上も経つだろうか。ここに記したことは三十代の十年あまりの間に教えていただいたことを、その後の年月の中で自分なりに温め直したものであり、教えていただいたことを私なりに翻訳してみたものでしかない。コロナ禍の中で静かに逝かれたという先生が、もしお元気でいてくださったなら、いったいなんと言われるだろうかと震えるような思いの中で勇気を奮い起こして書いてきた。

第一部の解釈演習ライブの元原稿を提供してくださった和歌山大学の深澤英雄さんに、心から感謝したい。長年学力研の中心にいて推進してこられた深澤さんと知り合い、自問清掃や教材解釈や音楽指導に関する講演や講座を通して交流してきた内容が、活かされてひとつのかたちとなった。また、教材解釈や表現教育などについて長年共に勉強をしてきた北海道や東京や関西の小中学校の先生方にも感謝したい。勉強会に提供する資料を選定したり、提出されたレポートや実践を検討したり助言したりする機会を得たことで、どれだけ自分が鍛えられたかわからない。旭川での勉強会は、あるときから「理論と実践のハイブリッド平田ゼミ」と銘打って実施されてきており、そうした場で扱った理論的な内容が、本著の第二・三部の元となっている。

最後になるが、斎藤喜博の教授学から多くを学んできた私が、教材解釈に関する本著を一莖書房から上梓できることを、編集の労をとってくださった斎藤草子さんになによりも感謝したい。

【著者紹介】
平田　治（ひらた　おさむ）
1953年長野県生まれ。元教員（小学校・大学）。文部科学大臣優秀教員表彰（2007年）。全国自問教育の会（理事）、日本教師学学会、日本教材学会会員。合唱団指導者。研究テーマは、「学校掃除」「表現教育」「教材解釈」。著書として、『子どもが輝く「魔法の掃除」・自問清掃のヒミツ』（三五館）、『虐待された少年とともに』（一莖書房）、『これからの学校掃除・自問清掃のすすめ』（一莖書房）等。論文として、『「自問清掃」実践者の教師成長―〈自己成長感〉の連関的形成―』等。

ライブ・学ぼう教材解釈

2021年6月15日
著　者　平田治
発行者　斎藤草子
発行所　一莖書房
〒173-0001　東京都板橋区本町37-1
電話 03-3962-1354
FAX 03-3962-4310
ISBN　978-4-87074-234-5　C3037